LA MONDIALISATION RACONTÉE À CEUX QUI LA SUBISSENT

DU MÊME AUTEUR

Romans

Le Fils de Minos, Éditions du Rocher, 1989.
L'Éveil de Clémence (érotique), Éditions Climats, 1997.
Le Buisson ardent (érotique), Éditions Climats, 1998.

Essai

La Quatrième voie, plutôt que le front national une démocratie plus citoyenne, Éditions Manugraph, 1997.

Spectacle

Le Grand Monopoloi. Créé par la compagnie « Tarif de groupe » à l'occasion du salon du livre antifasciste de Martigues, le 29 mai 1999.

Hervé René Martin

LA MONDIALISATION
racontée à ceux qui la subissent

CLIMATS

Il n'existe pas de détective sans indicateurs.
Je remercie ici tout particulièrement :
Vincent Espagne, **Claudine Blasco**,
Agnès Bertrand, **Joëlle Freulon**,
et Myriam Villain.

Cet ouvrage a reçu le soutien de la *Caisse Centrale d'Activités Sociales du Personnel des Industries Électrique et Gazière*, Provence-Alpes-Côte d'Azur.

« Nous nous sommes doucement endormis dans un monde et réveillés en sursaut dans un autre. »

Théo Angelopoulos

« Le pire des « catastrophismes » n'est pas d'annoncer les catastrophes quand on pense qu'elles se préparent, mais bien de les laisser survenir par le seul fait qu'on ne les a pas prévues et, pire encore, qu'on s'interdit de les prévoir. C'est pourquoi je classerais volontiers dans la catégorie des « catastrophistes » les innombrables auteurs qui s'emploient à rassurer l'opinion, sans mettre en cause le système mondial, sa dynamique, son évolution. »

François Partant

1
COMMENT JE SUIS DEVENU DÉTECTIVE

Mes clients m'appellent Arobas. Aucun d'eux n'a jamais vu mon visage. Je ne fréquente pas les boîtes de nuit qui regorgent pourtant d'indicateurs, ne bois pas des litres d'alcool en fumant cigarette sur cigarette, et aucune fille ne m'est jamais tombée « toute cuite » dans les bras, hypnotisée par mon regard minéral. Mon bureau enfin ne se trouve pas au deuxième étage d'un immeuble crasseux d'une grande métropole, derrière une porte vitrée où les lettres de mon nom se décollent une à une. Du reste aucune lettre de mon nom ne peut se décoller. Mon nom n'a pas de lettres, c'est juste un signe : @. Dans la vie courante il se prononce Arobas mais en langage informatique on ne l'écrit que sous sa forme signalétique. Clotilde, elle, m'appelle par mon véritable prénom qui ne peut être communiqué ici pour des raisons évidentes de sécurité. Mes amis les plus proches ne connaissent absolument rien de mes activités secrètes et se demandent de quoi je vis. Au vrai de pas grand-chose, lesdites activités étant aussi peu rémunératrices qu'elles sont secrètes. Mais après avoir beaucoup donné dans l'éparpillement et la conquête de territoires, fussent-ils symboliques, je me trouve, l'âge venant, plus en quête de sens que d'acquisitions de biens. Je ne suis pourtant pas si vieux que cela, j'ai simplement appris à devenir adulte, ce qui n'a au fond que bien peu à voir avec l'âge.

Jadis je croyais au miracle de la « croissance » et m'efforçais de participer activement à la relance de la consommation. Exerçant le métier de statisticien, je me trouvais pour ainsi dire aux trois bouts de la ficelle en même temps : en tant que consommateur j'agrémentais ma vie d'objets grâce auxquels les publicitaires me garantissaient rêve et bonheur ; en tant que citoyen je participais activement à l'accroissement du Produit National Brut (PNB) [1], donc à la richesse de mon pays ; professionnellement je tenais les comptes, m'extasiant jour après jour de leur pure beauté mathématique. Si quelqu'un m'avait alors fait remarquer qu'une ficelle ne compte que deux bouts, je ne suis pas sûr que j'aurais pris le temps de l'écouter : vivre à Paris est une aventure qui requiert suffisamment de concentration en soi pour ne pas s'encombrer l'esprit de questions superflues.

Que j'ai rencontré Clotilde dans un embouteillage n'a au demeurant rien d'extraordinaire : j'y passais la plus grande partie de mon temps, en profitant pour m'avancer dans mon travail. J'avais mis une technique au point qui me permettait de progresser de quelques mètres chaque fois que la circulation m'y autorisait tout en continuant à dessiner mes graphiques. De temps en temps, je compulsais un des nombreux ouvrages qui s'empilaient sur le siège passager. Ce jour-là, nous dûmes bien rouler une heure côte à côte, Clotilde et moi, sans

1. Communément admis comme l'indicateur de la puissance économique d'une nation, le PNB représente la somme des activités économiques réalisées annuellement par un pays sur son territoire, augmentée du solde de ses échanges avec l'étranger.

nous apercevoir. Elle, conduisait la tête renversée, écoutant les yeux fermés des lieds de Strauss.

Quand je lui proposai de l'épouser quelques semaines plus tard, la divergence de nos points de vue aurait dû m'alerter. Mises à part la lecture et la musique, elle était de ces êtres qui semblent pouvoir vivre sans s'encombrer de rien. Évoquant notre mariage par exemple, il semblait que nous parlions de deux choses sans aucun rapport entre elles : je m'intéressais à la cérémonie et à son impact sur l'activité économique du pays à coups de robe, chaussures, petits fours, tulle aux poignées des voitures, liste de mariage…, elle, à ce que chacun de nous déposerait dans la corbeille en termes de sentiments, d'échanges, d'attention réciproque ; je t'apprendrai à aimer la musique, me disait-elle, et toi tu me montreras comment fonctionnent les chiffres. Je ne doutais pas d'y parvenir puisque je l'aimais, et que l'amour a raison de tout.

Elle devait m'aimer aussi, car bien qu'elle aurait préféré une traversée à pied du Haut-Atlas – incompatible à mes yeux avec un voyage de noces – elle finit par céder pour un séjour aux Antilles.

Confortablement installé au bord d'une piscine – nécessitant énergie électrique, produits chlorés et personnel d'entretien – je rêvassais doucement à tous ces chiffres qui n'attendaient que mon retour à Paris pour se voir transformer en indicateurs de mon bien-être. Une seule chose me chagrinait : ma toute nouvelle femme préférait nager dans le lagon, ce qui pour un statisticien spécialisé dans les flux économiques était une opération nulle et non avenue ; en plus elle n'avait dû mettre ni maillot, ni protection solaire.

De retour à Paris, ma joie escomptée fit long feu : la première personne qui sonna à ma porte ce matin-là fut le facteur qui m'apportait ma lettre de licenciement. Le ciel me tomba sur la tête. Je ne savais même pas quelle faute j'avais bien pu commettre. Si on se mettait à supprimer ceux-là mêmes qui avaient pour mission de tenir les comptes des suppressions ! Étourdi par le choc, je n'eus alors que la force de penser que j'allais me retrouver dans les statistiques du chômage, traité anonymement par mes anciens collègues de travail.

Ce jour-là ma vie changea résolument de cours. Le facteur apportait également une lettre à Clotilde, lui annonçant sa réussite au concours d'institutrice – on dit maintenant professeur des écoles. À ma grande surprise, elle émit le souhait de se voir affectée dans un petit village de montagne où personne ne voulait se rendre. Après quelques heures de réflexion, je lui dis que je la suivrais puisque je l'aimais et qu'après tout, comme elle venait de m'en persuader, mieux valait sans doute être chômeur à la montagne qu'à la ville : on peut ramasser son bois de chauffage, cultiver son potager et l'on économise les transports urbains. (Je disais cela, mais pour être honnête je n'avais aucune envie de ramasser mon bois de chauffage, je trouvais bien plus moderne alors de régler le thermostat de mon radiateur électrique). Mon banquier m'ayant accordé un crédit-installation avant de connaître ma mésaventure, j'échangeai au dernier moment chaîne hi-fi, téléphone portable et magnétoscope, contre un ordinateur au moyen duquel je me branchai sur Internet. J'avais une idée derrière la tête.

Aussitôt installés dans notre nouvelle demeure, je m'échinai à adresser des CV électroniques à travers le monde en vue de retrouver un emploi. La première réponse qui m'arriva me proposait un job plutôt bien payé à trois mille cinq cent kilomètres de là. Je demandai à Clotilde si à son tour elle me suivrait. Bien sûr, me dit-elle, si c'est intéressant. Je la regardai comme si je ne l'avais encore jamais vue : nous nous étions mariés, avions passé quinze jours de rêve aux Antilles et là, je m'apercevais soudain que je ne la connaissais pas. Je ne pouvais même pas imaginer à cette époque que l'on puisse s'inquiéter de savoir si un boulot était ou non intéressant. Un boulot était bien ou mal payé, un point c'est tout. Je crois que cette nuit-là j'ai parlé pour la première fois de ma vie avec quelqu'un. J'ai grandi d'un coup. Le lendemain matin j'avais commencé à être adulte. Oh c'était juste les premiers pas, je me faisais l'effet de Pinocchio apprenant à marcher sans ses ficelles. Quand je repense à ce qu'il s'est passé cette nuit-là, j'en ai des sueurs froides : si je l'avais occupée à dormir plutôt qu'à parler avec Clotilde, j'aurais pu passer ma vie entière à côté de moi sans savoir qui j'étais. Des fois je me dis que je serais sans doute encore en train de travailler dans les embouteillages, à seule fin d'accumuler des objets dont je n'aurais même pas le temps de me servir, plutôt que d'emplir mes poumons d'air pur et faire des grimaces par la fenêtre aux enfants dans la cour de récréation : Clotilde et moi nous habitons juste à côté de l'école.

Mais c'est bien fini. Désormais je suis quelqu'un qui sait ce qu'il veut dans la vie… en tout cas ce qu'il ne veut pas et je ne suis plus prêt à accepter n'importe quel emploi. Au début cette découverte me laissa tellement désemparé que pendant plusieurs jours je ne trouvai pas l'énergie d'envoyer un seul CV par la fente de mon ordinateur. Je glissais simplement des messages dans des bouteilles que je jetais à la mer, sans savoir seulement à qui je les adressais. Je tapais des adresses au hasard, m'invitais sur des forums de discussions, me glissais sur des sites interactifs. J'écrivais : J'aime Clotilde. Puis : La montagne est belle. Et encore : J'aime Clotilde. Puis : Je veux vivre au pays (un pays où j'avais débarqué moins d'un mois plus tôt !). Et aussi : Je cherche un boulot intéressant, même mal payé. (Je trouvais extraordinaire de pouvoir écrire une phrase comme celle-là : « un boulot intéressant », même si cela ne m'engageait à rien vu que c'était comme des bulles de savon que je soufflais dans l'air). Et enfin : Je refuse de travailler entre cinq heures et neuf heures du matin parce que c'est le meilleur moment pour marcher dans la montagne (décidément, quand on a commencé à avoir du caractère on ne peut pas savoir où cela va s'arrêter). Un jour j'écrivis une phrase aussi dépourvue de sens cybernétique que : J'entends les enfants qui crient dans la cour de récréation, je regarde Clotilde par la fenêtre qui enroule ses cheveux autour d'un crayon et je me demande comment ils tiennent.

Voilà, rien que des bouts comme ça, des bouts de rien qui tournaient autour du monde sans attendre de réponse. Du reste personne ne me répondait jamais. Qu'aurait-on pu répondre à un homme qui regarde par la fenêtre sa femme enrouler ses cheveux autour d'un crayon et se demande comment ils tiennent ? J'imagine quelqu'un à New York lisant un tel message. Est-ce que les femmes de New York se plantent seulement des crayons dans les cheveux ?

Puis un matin, de retour de la montagne, je trouvai un message dans ma boîte électronique :

– Détective, ça te plairait ? (Suivait l'adresse d'un site de dialogue).

Pour le coup je n'en crus pas mes yeux. J'avais reçu une réponse et en plus cela ressemblait à une proposition. Mais je déchantai aussitôt : détective, j'avais lu dans des livres quel horrible métier c'était. Je ne me sentais aucune capacité à m'affronter à la pègre des bas-fonds. J'aimais beaucoup trop désormais le tintement des cloches au cou des vaches.

– Je veux vivre au pays, écrivis-je aussitôt parvenu sur le site et sans même savoir à qui je m'adressais.

– Pas de problème, répondit mon interlocuteur. Tu as l'air de pas mal te débrouiller sur la toile.

– J'apprends juste à me balader.

– Tu as une façon poétique de te balader qui nous intéresse. (Poétique ? Dans mon ancien métier, j'aurais reçu une telle remarque comme un avertissement sérieux). Tu cherches bien du travail ?

– Seulement si c'est intéressant.

– C'est ce que j'avais cru comprendre. Pour te dire la vérité c'est même la raison pour laquelle nous t'avons choisi.

– Au début c'était une idée de Clotilde… Clotilde c'est ma femme, elle est institutrice, ce n'est pas très bien payé comme travail mais c'est intéressant. De toutes façons ici nous n'avons pas de gros besoins… Qu'est-ce que vous proposez ?

– Je te l'ai dit : détective, mais sans bouger de chez toi, nous sommes un groupe de chercheurs qui enquêtons sur les systèmes alternatifs.

– Qu'est-ce que c'est un système alternatif ?

Vu la vitesse à laquelle j'avais posé la question, je compris que je m'étais piégé tout seul.

– C'est une forme d'organisation de société qui échappe au système dominant. Nous nous intéressons à des modèles non pas économiques mais humains dont la finalité ne résiderait plus dans le volume des échanges mais dans l'accroissement de bonheur pour les individus. (Je me dis que l'avantage de communiquer à distance était que si j'avais affaire à un fou je pourrais toujours m'en tirer en éteignant l'ordinateur). Aujourd'hui, par exemple, il est communément admis que la richesse d'un pays se mesure à son Produit National Brut, lequel se trouve être la somme des activités économiques réalisées aussi bien sur son territoire qu'avec les autres pays.

Ça, au moins, je le savais.

– J'étais statisticien dans mon ancien métier, spécialisé dans les flux économiques.

– Épatant, au moins tu ne perdras pas de temps à comprendre de quoi je parle. Je te disais donc que selon le modèle qui a cours chez les statisticiens justement, une nation qui dilapide ses ressources non renouvelables est censée s'enrichir alors qu'à l'évidence pour nous elle s'appauvrit.

– Je ne suis pas sûr de vous suivre.

– Imagine un gigantesque incendie de forêt qui brûle des réserves considérables de bois précieux, rejette dans l'atmosphère d'énormes quantités de gaz carbonique responsable du réchauffement de la planète par effet de serre, prive des hommes de leur habitat et de leurs moyens de subsistance, provoque l'érosion des sols et détruit pour des décennies l'harmonie du paysage… si tu devais qualifier un tel événement, tu l'appellerais comment ?

– Catastrophe.

– Bien ! Pourtant, au niveau économique, tu seras d'accord avec moi que cette catastrophe, comme tu l'appelles, aura contribué à un accroissement brutal du PNB (et donc censément à une élévation quantifiable de la richesse nationale) égal au coût des moyens de secours mis en oeuvre : pompiers, personnels soignants, essence des véhicules d'intervention, reconstruction, entretien et renouvellement des matériels de lutte contre l'incendie, rémunération des employés des pompes funèbres... Plus il y aura de morts, plus le pays s'enrichira.

J'étais accablé.

– Vous parliez du bonheur à l'instant.

– Le problème du bonheur est qu'il n'entre dans aucun cadre économique. Quand tu souris à quelqu'un dans un autre but que de lui vendre un produit, tes anciens collègues considèrent que cela n'a aucune valeur. Mieux, le bonheur est affecté à leurs yeux d'une valeur négative. Une personne heureuse ne consomme pas d'antidépresseurs, ne consulte pas de psychiatres, ne tente pas de se suicider, ne casse pas les vitrines des magasins, n'achète pas à longueur de journées des objets aussi coûteux qu'inutiles, bref, ne participe que très faiblement à l'activité économique de la société.

– Cela existe des sociétés qui ne sont pas fondées sur un modèle économique ?

– Cela a toujours existé.

– Alors pourquoi personne n'en parle jamais à la télévision ?

– Je vois que tu commences à poser les bonnes questions. Pour trouver la réponse, tu dois poser une autre question : À qui appartient la télévision ?

– Cela dépend, en France nous avons des chaînes publiques et des chaînes privées.

– Sont donc propriétaires des chaînes de télévision françaises, soit des grands groupes privés comme Vivendi ou Bouygues, soit l'État, qui devrait être le représentant de la collectivité publique, mais dont tu vas t'apercevoir au cours de ton enquête que ce n'est pas aussi simple que cela. Pour l'heure, ce que l'on peut en dire, c'est que l'ensemble des grands médias dans le monde, et au premier chef la télévision, appartiennent au modèle dominant, lequel est entièrement construit sur des référents économiques : tout s'achète et tout se vend. Or c'est le principe même du modèle dominant d'occulter les autres. C'est pourquoi, sauf introduction fortuite dans le système d'un élément incontrôlé, tu n'as que fort peu de chances d'y apprendre quoi que ce soit de sérieux sur le monde réel. L'ensemble relève plus du théâtre d'ombres que de l'information. Quant à l'éventuel élément incontrôlé, aussitôt dénoncé par son propre éclat, il se retrouvera promptement éjecté du système. C'est ainsi par exemple que tu n'as que très peu de chance d'apprendre par la télévision le nombre réel de chômeurs.

Raté, il se trouvait que depuis que j'étais moi aussi chômeur, c'était un chiffre qui m'intéressait au plus haut point.

– Je le connais : il est de deux millions neuf cent quarante mille, il a baissé de zéro virgule deux pour cent le mois dernier.

– Il est de sept millions. Le chiffre figure dans le rapport du Commissariat général du Plan remis au mois de mai 1997 à Alain Juppé [2].

– C'est plus du double !

– On appelle cela le traitement statistique du chômage.

---

2. *Chômage : le cas français.* Rapport au Premier ministre, Commissariat général du Plan, mai 1997, Robert Castel, Jean-Paul Fitoussi, Jacques Freyssinet, Henri Guaino.

On prend le véritable chiffre et on le divise par deux.

– Mais c'est une escroquerie !

– Tu devrais être au courant vu ton ancien métier.

– Ce n'est pas aussi simple, je ne me trouvais pas à un niveau hiérarchique décisionnel. Mon boulot consistait juste à rentrer des données brutes dans des modèles préétablis, puis à dessiner les graphiques correspondants. La collecte de données m'échappait tout autant que l'interprétation finale des diagrammes.

– En l'occurrence, l'opération en question est le fruit d'une manipulation comptable doublée d'une supercherie sémantique. Chômer vient du latin *caumare* qui signifie : se reposer pendant la chaleur. On fait la sieste et ensuite on se remet à l'ouvrage. Aujourd'hui tout le monde s'entend sur le fait qu'un chômeur est un individu privé d'emploi. C'est quelqu'un qui en se réveillant se rend compte qu'on lui a volé son travail. Plus personne n'a besoin de ses bras pour soulever des charges, de son habileté à résoudre des problèmes, de son savoir-faire dans la construction des maisons ou l'enseignement des enfants. Or le chiffre que l'on annonce à la télévision n'est pas celui des personnes auxquelles on a volé leur travail, ni de celles qui n'ont jamais eu de travail et aimeraient bien en avoir un, mais celui des demandeurs d'emploi régulièrement inscrits sur les listes de l'ANPE.

– Je ne vois pas la différence.

– La différence c'est ceux qui attendent à côté des listes : les chômeurs en formation ou en conversion, les personnes mises de force en préretraite, celles qu'on a « sorti » des listes en les radiant d'autorité pour une raison ou une autre, les personnes en Contrat Emploi Solidarité, celles qui voudraient travailler à plein temps mais doivent se contenter d'un emploi à temps partiel, celles enfin qui, découragées, ne s'inscrivent même plus sur les listes. Au bout du compte la manipulation consiste à présenter un chiffre bien réel : celui des personnes inscrites sur les listes, en annonçant qu'il s'agit du nombre de chômeurs.

– Et en tout il y en a sept millions ?

– Moins un.

– Moins un ?

– Ça fait quoi de retrouver un travail ?

– C'est un peu tôt pour le dire. C'est plutôt bien de se sentir actif. Mais je voudrais savoir, ce fameux rapport remis à Alain Juppé, qu'est-il devenu ?

– À la trappe. Ses conclusions n'étaient pas conformes à ce que le gouvernement en attendait. Il y a plus étonnant encore. Nous sommes alors au mois de juin 1997 et, à la suite d'une grosse bourde de Jacques Chirac, Alain Juppé va devoir laisser son fauteuil de premier ministre à Lionel Jospin. Pour le coup, les auteurs du rapport s'attendent à ce que le nouvel hôte de Matignon lui offre le maximum de publicité afin de révéler aux Français l'ampleur de la tâche à laquelle il va devoir s'atteler. Eh bien pas du tout ! Non seulement Lionel Jospin en interdit la publication avant le sommet social européen du mois d'octobre, mais il va plus loin encore que son prédécesseur : il limoge son coauteur, le Commissaire au Plan Henri Guaino. Silence dans les rangs. On a dit trois millions, ce sera trois millions. Ce que les Français ne savent pas, c'est que Lionel Jospin n'a aucune intention de s'attaquer au problème du chômage en France. S'il le voulait il en aurait les moyens. Mais il deviendrait alors un élément incontrôlé du système et celui-ci l'éjecterait aussitôt. Lionel Jospin n'a aucune envie de se faire éjecter du système.

– Comment ça, s'il le voulait il en aurait les moyens ?

– Est-ce que tu connais le coût réel du chômage dans ton pays ?

– Non.

– Mille cent milliards de francs.

Je voulais bien faire des efforts pour devenir poète, mais je n'avais pas quitté le monde des statistiques depuis suffisamment longtemps pour ne pas me rendre compte que l'estimation ne pouvait être que surfaite.

– C'est impossible, dis-je, c'est plus de la moitié du budget de l'État.

– Ne crois pas qu'il soit dans mes intentions de te surcharger l'esprit de données chiffrées mais tu ne pourras avoir une vision claire des enjeux de société et, au-delà des discours, des orientations politiques assumées aujourd'hui par la quasi totalité des gouvernements occidentaux, toutes couleurs confondues, si tu ne mets pas un peu le nez dans la soupe comptable. Tu trouveras donc confirmation de ce que j'avance dans un autre rapport[3] remis récemment aux pouvoirs publics et aux syndicats, lequel s'appuie sur des sources difficilement contestables en l'occurrence : les travaux de la commission d'enquête parlementaire sur les aides à l'emploi[4].

– Mais alors, si ce que vous dîtes est vrai, cela signifie que l'État français pourrait créer…

– Inutile de sortir ta calculette, nous avons déjà compté. Si le gouvernement français décidait d'affecter la totalité de ce que lui coûte le chômage (et dont au passage dix pour cent seulement va à l'indemnisation

---

3. *Réussir l'emploi pour tous*. Ce rapport est résumé dans le livre *Chômage nous accusons*, J. Nikonoff, Arléa.

4. *Les aides à l'emploi, Commission d'enquête parlementaire, Assemblée nationale, rapport n° 2943, 1996*. Dans *Marianne*, 18 au 25 janvier 1998 : « La vérité sur le coût du chômage ».

des personnes privées d'emploi), il pourrait offrir un travail à cinq millions de personnes, rémunéré douze mille cinq cent francs brut par mois, et payer les charges sociales patronales en prime.

– Dans ce cas pourquoi ne le fait-il pas ?

– La réponse se trouve dans une note secrète du cabinet de Jacques Barrot, du temps où il était ministre du Travail du gouvernement Juppé : « Dans une économie marchande telle que la nôtre, la conjonction de créations d'emplois et de baisse du chômage a pour conséquence une hausse du prix du travail. Une telle réduction du chômage se traduirait vite par des pertes de compétitivité insoutenables [5]. » Une « économie marchande ». Tu t'apercevras au cours de ton enquête que ce qui caractérise l'organisation politique du monde aujourd'hui est entièrement contenu dans cette idée que tous nos choix sont soumis au fait économique, et que l'économie est exclusivement régie par les lois du marché. Mais, si tu veux bien, nous reviendrons là-dessus un autre jour. Pour en terminer aujourd'hui avec le chômage, j'aimerais revenir à une dimension plus humaine. Tu t'apercevras en collaborant avec nous que seule nous intéresse la dimension humaine : les chiffres, il faut s'en servir comme un paysan de sa terre : si elle lui sert à produire du blé, il n'y a rien à redire, s'il n'y pousse que des plantes à poison, mieux vaut qu'il la donne à un autre. Robert Lefort, un chômeur de trente-huit ans, s'est donné, lui, la mort le onze novembre 1998. Quelques jours plus tôt, plein d'espoir encore, il écrivait : « *Tous les jours que je me lève, je cherche, n'obtiens rien, mais je me dis : demain sera peut-être le jour.* » Puis, le onze novembre, Robert Lefort écrivit : « *Je*

5. Lire *Chômage nous accusons*, opus cité.

suis au bout[6]. » Puis il se donna la mort. Puis il sortit des statistiques du chômage.

Pour le coup je ne trouvai rien à répondre. Je restais là, les yeux ballants sur l'écran de mon ordinateur qui devenait blanc. Je commençais à avoir froid, dehors la nuit tombait. Je me dis que je devais réagir si je ne voulais pas me laisser envahir par le désespoir. Je pensais que Clotilde allait bientôt rentrer et je ne voulais pas qu'elle me trouve endormi devant mon ordinateur comme un cheval debout dans son pré.

– Je m'excuse, dis-je, je suis un peu sonné. C'est que vous me donnez beaucoup d'informations d'un coup. (En plus je trouvais risquées les accusations portées contre le premier ministre, même débutant je savais que les conversations sur la toile ne tombaient pas toutes dans l'oreille de sourds). Je ne peux accepter votre proposition sans savoir ce que vous attendez exactement de moi. Si je dois trouver quelque chose, je dois savoir quoi.

– Les sociétés qui nous intéressent sont celles qui fonctionnent moins sur le mode de la compétition que sur celui de la solidarité ; des sociétés où l'important n'est pas la quantité des échanges mais l'accroissement de bien-être collectif généré par chaque échange. Nous cherchons des communautés où la richesse ne s'accroît pas en raison du volume des incendies mais du fait de l'accès du plus grand nombre à l'eau potable. Sais-tu qu'un milliard d'êtres humains en sont aujourd'hui privés ? (Qu'est-ce que je pouvais répondre à cela, moi qui n'avais qu'à tourner le robinet pour remplir mon verre, sans parler de toutes ces sources d'eau pure jaillissant des flancs de la montagne ?) Nous nous intéressons aussi à des modes de comporte-

6. *Le Monde*, 26 novembre 1998. J.-P. Besset.

ments atypiques, à de nouvelles manières d'être, à l'émergence un peu partout à travers le monde de nouveaux cadres de pensée.

– Mais pourquoi ?

– Parce que ce sont les embryons du monde nouveau.

– Le monde nouveau ?

– Celui qui est en train de naître.

Là, j'étais sur les fesses. Un monde nouveau était en train de naître ? Je ne savais même pas que le monde actuel avait commencé à mourir. Sur le coup, ça m'a donné le frisson. C'était comme la nuit où j'avais découvert qui j'étais en parlant avec Clotilde : je me dis que si je ne m'étais pas retrouvé au chômage, je n'aurais peut-être jamais su que le monde dans lequel je vivais était en train de mourir. J'aurais pu mourir avec lui sans le savoir. Cette fois j'étais bel et bien piégé.

– Mais comment vais-je m'y prendre ? Je n'ai pas appris à être détective.

– Sois poétique. Pour trouver quelque chose qui commence seulement à exister, les anciens outils ne nous sont d'aucune utilité. Même les logiciels de recherche les plus performants se révèlent ici inefficaces. Tu devras laisser vagabonder ton imagination, te montrer inventif, c'est pour cela que nous t'avons choisi : pour ta capacité de divagation. Tu ne seras pas beaucoup payé parce que nous ne sommes pas riches mais tu auras de quoi vivre, ce qui est mieux qu'être chômeur, et surtout tu feras quelque chose d'intéressant.

– J'adore marcher dans la montagne entre cinq heures et neuf heures du matin.

– C'est bien. Demain tu emporteras un peu de lecture avec toi. Ce dont tu vas prendre connaissance, mieux vaut que tu le lises le plus haut possible sur la montagne. Cela te permettra de prendre un peu de recul, c'est un rapport sur l'état de décomposition du monde actuel.

– D'accord, dis-je étourdiment. (Je venais d'entendre la porte d'entrée s'ouvrir. Je savais que dans un instant la pointe des seins de Clotilde allait s'appuyer sur mon dos).

– Tu dois prendre un nom de code, dit mon interlocuteur.

Mais elle m'avait rejoint plus vite que je ne m'y attendais, (ce devait être le bonheur qui lui procurait toute cette énergie). Avant que je n'ai eu le temps de répondre, ses bras m'entouraient, la pointe de ses seins s'appuya sur mon dos, mon doigt glissa sur le signe @.

– Arobas, dit Clotilde qui m'embrassa dans le cou, c'est une unité de mesure espagnole.

J'étais soufflé par l'étendue de sa culture, et aussi par la douceur de ses lèvres. Je me demandai soudain si elle ne serait pas par hasard un de ces êtres alternatifs que j'avais désormais mission d'aller traquer partout à travers le monde. Une femme qui pratiquait un art martial d'un genre nouveau et pouvait vous immobiliser en vous embrassant sur la carotide.

– J'ai trouvé un travail, lui dis-je.

Je perçus qu'elle tremblait.

– Tu vas partir ? demanda-t-elle.

– Je reste, dis-je. Je vais vivre avec toi au pays.

Pour le coup elle m'immobilisa définitivement.

– Qu'est-ce qui se passe ? demanda mon interlocuteur. Tu ne réponds plus ?

– J'ai commencé à travailler, eus-je juste le temps de taper sur mon clavier. Mais déjà elle m'entraînait avec elle dans sa quête d'un monde nouveau qui n'était rien d'autre que le plus ancien des mondes éternellement recommencé.

Plus tard, après l'amour, nous mangions devant la fenêtre ouverte. La nuit avait bu la montagne. De temps en temps un chien lointain soulignait le silence de ses aboiements sonores puis se taisait à nouveau. Je venais de raconter à Clotilde ma conversation électronique. Elle me regardait en souriant comme si elle avait su depuis le début que quelque chose de ce genre devait m'arriver.

– J'ai l'impression qu'il y a plus d'étoiles que d'habitude, dis-je.

– C'est parce que tu les regardes, dit-elle. Tu viens de relever la tête et du coup tu vois les étoiles.

Je me dis que, dans mon ancienne vie, je n'aurais certainement pas supporté de vivre avec une femme qui aurait eu ainsi en permanence une longueur d'avance sur moi. Puis je m'aperçus que j'avais dit : mon « ancienne » vie, et qu'il venait donc d'en commencer une nouvelle. Et c'était une vie où les rapports entre les êtres ne se mesuraient pas en longueurs d'avance ou de retard.

– À ton avis, demandai-je à Clotilde, en quoi se mesurent les rapports entre les êtres ?

– Ils ne se mesurent pas, me sourit-elle. Quand tu commences à donner, tu reçois tellement en retour que ta seule préoccupation est de donner et donner encore pour ne pas mourir étouffé. Tu es tellement occupé alors qu'il ne te viendrait certainement pas à l'idée de mesurer quoi que ce soit.

Et voilà, c'était bien la peine d'avoir suivi une formation supérieure en statistiques économiques, plus quelques années de travaux forcés dans les embouteillages parisiens, pour apprendre au sortir d'une nuit blanche sur la montagne que le monde était rempli de choses qui ne se mesurent pas !

2
L'ÉTAT DE DÉCOMPOSITION DU MONDE

L'ordinateur est un appareil extraordinaire. Il ne consomme que très peu d'énergie et provoque un accroissement époustouflant de la capacité productrice des humains. Le tout bien sûr est de savoir à quoi l'on s'en sert. Être relié au monde par un réseau électronique permet par exemple d'économiser d'énormes quantités de pétrole, pollution, morts par accidents de la route, énervements dans les embouteillages…

L'erreur serait pourtant ici aussi de diviniser l'outil. En divinisant la voiture, l'humanité s'est ouvert une plaie dans le flanc, en divinisant l'argent on a inventé la très grande pauvreté, en divinisant le multimédia – qui permet tout autant aux Indiens du Chiapas de dénoncer l'agression dont ils sont victimes de la part du gouvernement mexicain, qu'aux pédophiles et aux marchands d'armes de conclure d'obscures transactions – on risque de passer une fois de plus à côté du sens profond des choses. Ce n'est pas l'outil qui importe mais l'usage que l'on en fait.

Le mien d'outil avait travaillé pendant la nuit, ingérant le rapport promis par mon correspondant de la veille. Je profitai que l'odeur du café se répandait doucement dans la pièce pour mettre l'imprimante en marche, puis je découpai des tranches de pain dans une grosse miche ronde cuite au feu de bois et les beurrai. Assis à la table de bois, je mangeais en rêvant doucement tandis qu'une à une les feuilles blanches se couvraient de caractères noirs selon un procédé dont la technique m'échappait. Par la fenêtre je voyais le ciel faire le contraire : insensiblement il perdait son encre. Dans la chambre au-dessus, Clotilde s'alanguissait sous la couette dans un sommeil chaud. Je l'avais tellement regardée dormir que je pouvais imaginer sans peine sa poitrine se soulever puis se reposer au rythme de sa respiration. De temps en temps elle poussait de petits gazouillis de source : même endormie, elle devait prendre soin de se vider à intervalles réguliers de son trop-plein de bonheur sous peine sinon de déborder d'un coup. La vie, à ce niveau d'équilibre, me semble tenir du miracle. Si on regarde en bas on a toutes les chances de tomber, mieux vaut oublier alors qu'on marche sur un fil.

À sept heures, je me tenais assis sur le « dos rond du buffle », un rocher lisse qui donne l'impression d'être la bosse émergente d'un animal enfoui dans le profond de la terre. Juste en face, le soleil décollait pesamment du sommet de l'Aiguière pour s'élever dans le ciel. Tout en bas, le village commençait sa journée dans les claquements des volets rabattus sur les façades de pierres. Les cloches de l'église sonnèrent, des femmes en pantoufles entraient et sortaient de la boulangerie, la camionnette du livreur de journaux cala dans le dernier virage de la montée – juste avant le pont de bois qui transporte les voitures par-dessus le torrent pour les déposer sur la place où deux arbres multicentenaires abritent l'été une fontaine fraîche et moussue – puis repartit. Depuis bientôt un mois que j'avais pris l'habitude de venir assister au lever du soleil sur l'Aiguière, il ne s'était pas passé un jour sans que le livreur de journaux ne sacrifie à ce rituel obligé. Je me demandai si un tel degré d'invariabilité était dû à l'état de la voiture, à une difficulté de la route ou si c'était plutôt quelque chose d'obscur en lui qui le poussait ainsi à caler au moment d'aborder le pont. Clotilde devait boire son café en écoutant « *Là-bas si j'y suis*[7] » que je lui avais enregistré la veille. Normalement, c'était une émission qu'elle ne ratait jamais mais cette fois elle avait été retenue par un conseil de classe. Du coup, je l'avais écoutée à sa place tandis que je l'enregistrais. Je m'étais retrouvé projeté par la magie des ondes à Calcutta : sur le quai de la gare les passagers enjambaient sans la voir une femme morte durant la nuit. J'avais suffisamment vécu l'hiver à Paris pour savoir que c'est le genre d'histoire qui arrive aussi chez nous, sauf qu'en Inde on ne donne pas le décompte à la télévision. Je sortis le rapport de mon sac à dos. Il portait un titre :

Les nouvelles formes de l'oppression mondialisée

La terre compte aujourd'hui six milliards d'habitants. Selon les projections des Nations Unies, elle en comptera neuf milliards et demi au milieu du siècle prochain. À la question : combien notre planète peut-elle nourrir de personnes ?, la réponse est : dix-huit milliards sur le mode de consommation d'un paysan du Bangladesh et… moins de sept cent millions sur celui d'un citadin occidental[8]. Si les pays en développement produisaient et consommaient autant et sur les mêmes modes que les

---

7. Émission de Daniel Mermet sur *France Inter*, du lundi au vendredi à 17 heures.

8. Lire *J'accuse l'économie triomphante*, A Jacquard, Calmann-Lévy.

pays riches, cela provoquerait la destruction quasi immédiate de la biosphère, donc celle de l'espèce humaine [9].

Dès lors, la questionà laquelle chacun de nous doit répondre, ici et maintenant, est : Allons-nous faire en conscience le choix de vivre sur une planète qui comptera demain moins de dix pour cent de maîtres (consommant à satiété nourriture, santé, loisirs, paysages...) et plus de quatre vingt-dix pour cent d'esclaves privés de tout ?

En cette fin de XXe siècle, les vingt pour cent de personnes vivant dans les pays les plus riches accaparent déjà quatre vingt-six pour cent de la consommation privée totale contre un virgule trois pour cent seulement pour la part équivalente vivant dans les pays pauvres. Quant aux deux cent vingt-cinq plus grosses fortunes du monde, elles représentent à elles seules l'équivalent du revenu annuel de la moitié des habitants les plus démunis de la planète [10]. Et le fossé ne cesse de se creuser. L'écart de revenus entre le cinquième de la population mondiale le plus riche et le cinquième le plus pauvre est passé de un à trente en 1960 à un à quatre vingt-deux en 1995. Est-ce pour autant un gage de bonheur pour les mieux nantis ? C'est loin d'être une certitude. Par exemple : le pourcentage des Américains se disant heureux n'a cessé de décroître au cours de cette même période, tandis que le suicide des jeunes en France (cent soixante mille tentatives chaque année) représente la deuxième cause de mortalité après les accidents de la route.

---

9. Lire *La Fin du développement*, François Partant, Actes Sud.

10. Les données chiffrées proviennent du *Rapport mondial sur le Développement humain 1998,* Programme de l'ONU, Ed. Economica.

Surconsommation au nord, famines et pollutions au sud

L'inégalité s'aggrave encore au regard des atteintes à l'environnement générées par les modes de production industrielle. Alors que les habitants des nations riches protègent de mieux en mieux leurs espaces naturels, ils participent activement, par leurs modes et leurs niveaux de consommation, à la destruction du reste de la planète. C'est ainsi qu'un enfant qui voit le jour dans le monde industrialisé consommera et générera plus de pollution au cours de sa vie, que trente à cinquante enfants nés dans les pays pauvres, alors que ce sont ces derniers qui en subiront le plus les effets dévastateurs. Le réchauffement par effet de serre, par exemple – dû en majeure partie aux émissions de dioxyde de carbone en provenance des pays industrialisés – provoque ses plus gros dommages dans les pays en développement qui n'ont pas les moyens de se prémunir contre les catastrophes naturelles. Le Bangladesh, qui rejette pourtant soixante fois moins de dioxyde de carbone que la moyenne des pays industrialisés, serait le plus gravement touché par un relèvement du niveau des mers, se trouvant dans l'impossibilité financière de construire les digues aptes à le protéger.

La vogue aujourd'hui en Europe de meubles en bois exotiques vendus à bas prix par les chaînes de grande distribution, est un des facteurs qui participent à la déforestation massive des zones tropicales humides. Ces quinze dernières années, l'étendue des forêts a diminué pour l'ensemble de la planète de l'équivalent de trois fois la superficie de la France [11] alors qu'elle a progressé dans

---

11. *Situation des forêts dans le monde,* FAO 1997.

les pays du Nord. Inondations, glissements de terrain, abaissement du niveau des nappes phréatiques, déplacements forcés de populations, partout l'abattage sauvage des bois se paye en vies humaines. Dans le Maranhao, au Brésil, plus du tiers des terres indigènes a été envahi par des sociétés d'exploitations forestières. Dans le Parà et le Mato grosso, c'est autant qui font l'objet d'exploitations illégales à grande échelle pour la recherche d'espèces rares de bois dur. Les cas de dégradations écologiques y ont été multipliés par huit en 1996 et l'on estime qu'un tiers des maladies des Indiens sont liées à la dégradation de leur environnement. En construisant des autoroutes, des centrales hydroélectriques et d'autres infrastructures, non pour le profit des Indiens, mais pour faciliter l'exploitation des grandes sociétés, l'État brésilien se fait complice de ce désastre, au même titre que le consommateur de bois précieux à l'autre bout de la planète.

Les crevettes géantes tigrées que les rayons de nos supermarchés nous proposent à prix réduit, sont elles aussi la cause de graves dommages environnementaux, économiques, sociaux et politiques en Asie et en Amérique centrale[12]. L'installation de bassins d'élevage dans les mangroves – milieu à la fois aquatique et végétal où vivent et se nourrissent des populations indigènes – entraîne leur destruction. Le pompage massif d'eau de mer pour alimenter les bassins provoque la salinisation des étangs et de la nappe phréatique. L'opération étant particulièrement rentable pour les gros éleveurs (riches propriétaires locaux, sociétés d'exportation, multinationales), ceux-ci gagnent de plus en plus sur les terres

12. Source : *Rapport mondial sur le développement humain 1998,* Programme de l'ONU, Ed. Economica.

agricoles productives et chassent les populations vers les bidonvilles péri-urbains. Deux cent mille hectares ont déjà été supprimés en Thaïlande, cent vingt mille en Équateur et soixante-dix mille au Vietnam. Le forçage des crevettes aux protéines animales (dix tonnes de poissons de mer pour une tonne de crustacés) entraîne en outre la surexploitation des réserves de pêche, privant ainsi la population locale déjà fortement paupérisée d'une source de nourriture bon marché, tandis que le chalutage intensif cause, lui, d'irrémédiables dommages aux fonds marins.

L'arme alimentaire

En 1998, au moment de la récolte du riz, les silos de Camargue étaient pleins, la production de l'année précédente n'ayant pu être écoulée du fait de la faiblesse des cours. L'État français est alors venu en aide aux producteurs en leur achetant les réserves existantes. Interrogé par une chaîne de télévision, un riziculteur a formulé le souhait que l'État ne revende pas les stocks – ce qui ne pourrait que provoquer une nouvelle chute des prix sur le marché mondial – mais l'utilise plutôt comme aide alimentaire.

Or si l'aide alimentaire peut être une réponse immédiate à des états de famine – le plus souvent générés par des faits de guerre commis avec la complicité passive, voire active, des gouvernements occidentaux et des entreprises transnationales qu'ils représentent – son institutionnalisation induit la destruction des cultures vivrières du pays ainsi « aidé » et, à terme, la mise sous tutelle de son économie agricole. Mis en concurrence directe avec une arrivée massive de denrées gratuites, le paysan somalien ne peut plus vendre sa récolte à juste prix. Conduit à la faillite, il s'en va alors grossir les rangs des bandes armées, aggravant ainsi d'autant le cercle vicieux : insécurité – paupérisation – nouvelle aide internationale. Une aide qui a désormais moins pour utilité de soutenir sur le long terme des populations en détresse, que d'écouler les surplus des pays producteurs (avec en tête les États-Unis et la France) sur le dos des contribuables occidentaux.

L'aide alimentaire, comme variable d'ajustement entre une production pléthorique d'une part et un marché rendu insolvable de l'autre, ne représente pourtant que la face émergée de l'iceberg. L'extraordinaire pression exercée par les pays riches, en vue d'en finir une fois pour toutes avec les protections douanières, conduit depuis plusieurs années à un affrontement totalement déséquilibré. D'un côté un mode d'exploitation entièrement mécanisé et assisté (engrais, pesticides, systèmes d'arrosage), disposant d'infrastructures publiques performantes (réseaux de communication) et d'un état de recherche avancée (sélection des semences). De l'autre, une agriculture manuelle, le plus souvent sur des terres pauvres.

Comment le paysan du Ghana, qui, avant même de commencer à cultiver sa parcelle, passe cinq heures en moyenne par jour à ramasser son bois, aller chercher de l'eau, rejoindre son champ, se rendre au moulin et au marché, pourrait-il affronter sans dommage la concurrence avec les céréaliers américains ou européens dont le taux de productivité est cinq cent fois supérieur au sien ? Et pour déséquilibrer encore plus le rapport de forces au sein d'un système dit de libre-échange (lequel ne devrait être soumis qu'à la seule loi de l'offre et de la demande), les seconds sont en outre grassement subventionnés !

Il n'y a pourtant pas là matière à troubler la sérénité des experts de la Banque mondiale qui – aveuglés alors par ce qu'ils n'hésitaient pas à appeler le « miracle économique » asiatique – déclaraient en 1997 que l'augmentation du commerce international et des flux de capitaux ne pourraient qu'être bénéfique à la moitié de la population du globe n'ayant pas encore profité de la mondialisation[13]. On sait depuis ce qu'il est advenu du miracle asiatique. Quant aux heureux bénéficiaires de la mondialisation, il est sans doute fait allusion aux millions de Mexicains qui s'entassent dans des bidonvilles à la frontière entre le Mexique et la Californie et se vendent pour un salaire de misère à Thomson, Philips, Sony, Siemens, Saft Leclenché, Alcatel, Kodak et les autres.

L'esclavage, une solution moderne

Le nouveau mur du monde s'appelle *Gate Keeper*[14]. Il ne protège pas la Chine des envahisseurs, ne sépare plus le monde entre Est et Ouest mais entre Nord et Sud. Il suit la ligne frontière entre le Mexique et les États-Unis d'Amérique. D'un côté du mur se dresse la nation la plus riche de la planète, de l'autre s'étendent à perte de vue les bas-fonds de la mondialisation où les grands groupes transnationaux délocalisent leur production, attirés par la présence massive d'une main-d'œuvre prête à tout pour survivre.

---

13. Lire « L'Afrique à l'aune du développement virtuel », Christian De Brie, *Le Monde diplomatique*, 10/97.

14. Sources : « Sous le soleil libéral de Mexico », M. Sapena, *Charlie Hebdo* 11/98 et « Les bas-fonds de la mondialisation », Patrick Bard, *Pétition* n° 2.

En 1994 les accords de l'ALENA[15], suivis quelques mois plus tard de la forte dévaluation du peso, ont ruiné la quasi totalité des petits paysans mexicains. Le Mexique compte désormais quarante pour cent de chômeurs. Seuls ont résisté les grands propriétaires, souvent alliés aux multinationales, comme Nestlé, qui contrôlent l'exploitation et le commerce du café et du cacao.

Aujourd'hui, quatre mille usines d'assemblage appartenant aux plus grands groupes transnationaux ou sous-traitant pour leur compte, emploient cinq millions de personnes, en majorité des femmes jeunes (parce que plus patientes et dociles). En coût de production, dix ouvrières mexicaines reviennent au même prix qu'un ouvrier français payé au Smic. Chez Siemens, elles ont droit à deux minutes toutes les dix heures de travail pour aller aux toilettes, et les contremaîtres font la chasse aux filles qui veulent boire un verre d'eau à leur poste de travail.

Au mois de novembre 1998, le président français, Jacques Chirac, s'est rendu au Mexique accompagné de cinquante industriels pour visiter ce qu'un diplomate a appelé « une terre d'opportunité pour les investissements ». Un salaire mensuel moyen de cinq cent francs pour quarante-huit heures de travail hebdomadaire, l'interdiction de syndicats indépendants, les atteintes au droit du travail, la pollution (l'utilisation de toluène serait à l'origine de mutations du fœtus entraînant des cas de spina-bifida et des avortements) et les abus sexuels sont donc à ranger au rang d'opportunités. Nul au demeurant

15. Accords de libre échange Nord-américain, autorisant la libre circulation des biens et des capitaux – mais pas des personnes – entre le Mexique, le Canada et les États-Unis.

ne s'en cache puisque les plaquettes publicitaires à l'intention des investisseurs potentiels font état d'une main d'œuvre abondante, de bonne qualité et sans organisation syndicale. Afin de se prémunir contre les effets de la seule protection sociale en vigueur, une petite indemnité pour congés maternité, des contremaîtres exigent des ouvrières qu'elles leurs montrent chaque mois leurs serviettes périodiques afin de prouver qu'elles ne sont pas enceintes.

Les grandes marques de vêtements de sports préfèrent, elles, délocaliser en Asie où elles trouvent des conditions encore deux à trois fois plus avantageuses. Plus du tiers des chaussures Nike et Reebok sont désormais fabriquées en Chine, là aussi majoritairement par de jeunes ouvrières.

En principe, les entreprises sous-traitantes doivent appliquer la loi sur le travail adoptée depuis juillet 1995, limitant le nombre d'heures à quarante-quatre par semaine et à trente-six heures supplémentaires par mois. Dans la réalité on observe des journées de quatorze heures, et plus de soixante-quatorze heures supplémentaires par mois que certaines usines ne payent pas du tout, pour des salaires mensuels compris entre cent quarante-cinq et cent quatre vingt francs. Certaines entreprises appliquent des pénalités financières pour les « fautes » commises par les ouvrières. Défaut de rendement ou retard peuvent justifier la suppression de salaire d'une ou plusieurs journées. Moyennant une retenue sur leur rémunération, les ouvrières sont le plus souvent logées sur place, dans des dortoirs fermés la nuit pour les empêcher de sortir, ne disposant parfois même pas d'une issue de secours. Insultes, punitions corporelles, assignations à résidence sont le lot commun des mesures disciplinaires. Dans une usine, une femme surprise avec deux paires de chaussures a été attachée et frappée avant d'être enfermée dans une cage avec deux chiens féroces. Dans certaines fabriques, les ouvrières qui travaillent trop lentement doivent rester à genoux les bras levés. Ailleurs les ouvrières punies doivent marcher comme un chien ou sauter comme une grenouille. Bien entendu il n'existe aucune liberté syndicale : les cent vingt-huit employés d'une usine qui se sont mis en grève ont tous été [16].

Les meilleurs ballons du monde sont, eux, fabriqués au Pakistan. Dans la région de Sialkot, trente-cinq millions de ballons de football en cuir (soixante-quinze pour cent de la production mondiale) sont fabriqués chaque année pour les mêmes marques : Nike, Reebok, Adidas… Ici un ouvrier sur quatre est un enfant. Âgés de huit à douze ans, souvent vendus par leurs parents, ils cousent à la main pour un franc cinquante pièce – dans des ateliers où la température dépasse parfois cinquante degrés – les ballons qui seront vendus trente francs aux marques et affichés jusqu'à deux cent cinquante francs dans les magasins occidentaux.

Sous la pression d'organisations citoyennes, certains fabricants d'articles de sport (essentiellement américains) ont accepté de signer un code de conduite comprenant au minimum les principes suivants : pas de travail forcé ni de travail des enfants, non-discrimination à l'embauche, respect de règles minimum d'hygiène et de sécurité, égalité de rémunération entre les hommes

---

16. Source : Collectif *« De l'éthique sur l'étiquette »*. Voir en fin de volume.

et les femmes, respect d'un cadre horaire, liberté syndicale[17].

Cette charte – que les marques Adidas, Décathlon et Fila n'ont même pas daigné signer – le sociologue français Denis Duclos en souligne les limites. « Aujourd'hui, écrit-il, cent cinquante ans après son abolition, on assiste à un branchement direct de l'économie globale sur l'esclavage. Sur les cent vingt millions d'enfants de moins de quatorze ans employés à plein temps sur la planète, beaucoup sont affectés à des tâches gratuites qui font la rentabilité des sous-traitants et des marchands de travail avec lesquels signent les antennes des géants mondiaux. Les actionnaires des fonds de pension ont beau soulager leur conscience en imposant des clauses sociales à leurs entreprises, ils ne sauraient exiger des rémunérations de douze pour cent et surveiller les relations avec les négriers qui mènent femmes et enfants aux portes des fabriques. Qui n'a vu les foules passer entre les miradors de domaines industriels indiens, sud-américains ou asiatiques n'imagine guère à quel point le crassier anglais du siècle dernier ou le bagne minier de l'Antiquité demeurent d'actualité. De Paris à Bangkok, de New York à Haïti des myriades d'ateliers clandestins emploient des adultes immigrés courbés sur les machines à coudre de la confection internationale. Et partout les marques « propres » : Kookaï, Morgan, Burton, Monoprix, La Redoute, C & A… en profitent, derrière le pullulement des sociétés-écrans[18]. »

---

17. Source : Collectif *« De l'éthique sur l'étiquette »*.

18. « La cosmocratie, nouvelle classe planétaire », Denis Duclos, *Le Monde diplomatique,* 08/97.

Le touriste de masse, éradicateur de cultures

Il existe des formes d'exploitation plus insidieuses encore des pays pauvres. Certaines d'entre elles, comme le tourisme de masse, n'apparaissent pas forcément comme telles à première vue. Et pourtant, en y regardant de plus près…

Jadis, le voyageur parvenait à Tozeur en Tunisie au sortir de la traversée harassante du Chott el-Djérid. Il découvrait alors une des plus belles oasis du monde où des canaux d'irrigation courent à travers une maille serrée de palmiers dattiers. C'est à Tozeur que l'on récolte la « Deglet nour », nom qui signifie « Doigt de lumière ». Aujourd'hui, le touriste occidental atterrit directement aux portes de la ville où une ronde de minibus l'attend pour le conduire vers l'un ou l'autre des palaces qui ceinturent l'oasis. Son premier réflexe, après avoir pris possession de sa chambre avec télévision, sera de piquer une tête dans la piscine pour se rafraîchir, puis, un cocktail maison à la main, il s'accordera un instant de méditation à la vue des palmiers en contrebas dont la masse tranche sur l'immensité désertique : des palmiers qui ont commencé à mourir, privés de l'eau qui sert à remplir les piscines ! Ce soir un autre minibus conduira notre homme au « Petit prince » pour y déguster un couscous traditionnel, puis sa femme s'enroulera une écharpe autour de la taille et ils danseront sur des musiques berbères. Le lendemain, juste avant de s'envoler pour Djerba et ses alignements à perte de vue de matelas sur des plages de sable blanc, ils iront marchander dans des échoppes climatisées, d'authentiques bijoux que les descendants des grands nomades leur auront fabriqués durant la nuit.

Le tourisme de masse est l'économie mondiale qui connaît actuellement la plus forte progression [19]. On estime que dans les vingt-cinq années à venir le nombre de touristes à travers la planète devrait tripler. Et de se réjouir car *c'est bon pour les affaires*. En 1997, dans l'État indien du Kerala, deux cent cinquante familles de pêcheurs ont été expulsées de leur zone de résidence pour laisser la place aux touristes. Dans l'État de Goa, les terres des paysans sont transformées en terrains de golf, dans celui du Tamil Nadu, la voie de passage séculaire des éléphants va disparaître, remplacée par une autoroute. En Afrique, les tribus Massaï, expulsés successivement du Serenguetti puis du Ngorongoro pour cause de safaris, sont devenues des objets de curiosité pour magnétoscopes. À Mahdia en Tunisie, où les palaces sortent de terre à la douzaine, des pêcheurs ayant osé se plaindre de l'influence néfaste des hordes touristiques sur leur conditions d'existence et de travail, se sont vus abruptement conseiller de remiser leurs vieilles barques au musée pour aller se mettre au service de la clientèle étrangère pourvoyeuse de devises.

Partout, les quelques emplois offerts en compensation aux populations autochtones par les grandes chaînes du tourisme mondial sont précaires, peu qualifiés et mal rémunérés. Celles-ci préfèrent emmener dans leurs bagages le personnel d'encadrement, ignorant tout de la culture locale mais parlant parfaitement l'anglais. Femmes de chambre, hommes d'entretien, portiers, garçons de course, serveurs, les « locaux » sont traditionnellement affectés aux emplois de service

---

19. Lire « Pour une révolution du tourisme », Dora Valaver, *Le Monde diplomatique,* 07/97.

(à entendre dans le sens : « au service de »). Ainsi, après l'esclavage et le colonialisme, se poursuivent, à l'ombre des bougainvillées, d'anciens rapports de domination et des occupations de territoires qui ne s'imposent plus par la contrainte physique mais par l'octroi de pourboires. Les juteux bénéfices tombent, eux, pour la plupart dans les poches d'actionnaires étrangers.

Le tourisme sexuel, principalement en Asie et en Amérique latine, suffirait à lui seul à démontrer, si besoin en était encore, la grave atteinte causée à la dignité des peuples qui en arrivent collectivement à vendre leurs enfants. Point n'est besoin de s'appesantir sur l'état de délabrement moral de ceux qui les achètent.

Et ce n'est pas tout : la réalisation des infrastructures (hôtels, aéroports, réseaux routiers...) se paye au prix d'un fort endettement du pays, lequel ne manque jamais d'induire en retour des plans d'ajustements structurels imposés par les institutions financières internationales. Ces ajustements, qui consistent en des coupes opérées dans les dépenses publiques, affectent prioritairement les secteurs de la santé et de l'éducation. Ainsi se perpétue l'enchaînement causal visant à priver les habitants du pays conquis de l'accès aux fonctions d'encadrement et à les maintenir à l'état de serviteurs sur leur propre sol pour le compte d'hôtes étrangers. On peut goûter ici l'ironie des agences de voyages qui, photos à l'appui, vous vantent l'hospitalité légendaire de tel peuple jadis nomade, aujourd'hui affecté aux tâches d'entretien dans les sous-sols d'hôtels de luxe.

Au bout du compte le moindre ralentissement de l'afflux des visiteurs pour cause d'attentats, d'épidémie ou d'incertitude politique dans la région, suffira à causer l'écroulement du château de cartes. Les mouvements de rébellion au Yemen, en Turquie ou en Égypte ne s'y sont pas trompés. En s'attaquant à des touristes occidentaux, ils mettent en péril l'équilibre économique du pays et disposent ainsi d'un moyen de pression efficace sur leurs gouvernements. Les retombées négatives de la guerre du Golfe pèsent encore aujourd'hui sur bien des balances de paiements.

Les pays poubelles

Après la vente de leurs ressources, celle des bras de leur peuple, puis du corps de leurs enfants, après le renoncement à leur culture et à leurt fierté, il ne reste plus guère à certains pays pour continuer à jouer au grand jeu de la mondialisation forcée, qu'à se déclarer décharges à ciel ouvert.

Les coûts élevés du traitement des déchets toxiques dans les pays industrialisés (jusqu'à trois mille dollars la tonne), incitent nombre d'entreprises peu scrupuleuses à les exporter vers des pays réduits à l'état de pauvreté absolue où ils pourront être déversés, sans aucun traitement préalable ni précaution environnementale, moyennant cinq dollars par tonne ! À la fin des années quatre-vingts, plusieurs gouvernements africains étranglés par leur dette ont ainsi accepté, au détriment de leur population, de devenir les décharges des nations riches. Entre 1984 et 1986, l'Union Soviétique s'est débarrassée de tonnes de détritus dangereux au Bénin. Le Paraguay et l'Uruguay ont été, eux, la destination de déchets expédiés d'Europe et des États-Unis. On se souvient encore du *Khian-Sea,* appareillant à destination d'Haïti avec à son bord cent quarante mille tonnes de cendres toxiques en provenance de l'incinérateur municipal de Philadelphie. Refoulé par les cinq continents sous l'œil des caméras de télévision du monde entier, ce navire à haut indice de dangerosité navigua ainsi pendant près de deux ans à travers les mers du globe, pour revenir un beau jour à son point de départ… délesté de sa cargaison, laquelle devrait se trouver quelque part entre Singapour et le canal de Suez.

Afin d'éviter de se trouver confrontées au délicat problème du transport, mais aussi pour des raisons de réduction des coûts de production entraînée par l'absence de normes de protection, de plus en plus de sociétés transnationales installent directement leurs industries les plus polluantes (amiante, pesticides, chlorure de vinyle…) dans le tiers monde, où les contrôles et les normes en termes de rejets dans l'environnement et de sécurité des travailleurs sont souvent inexistants. Dans nombre d'établissements, on trouve des machines défectueuses et les ouvriers ne sont pas informés des risques de leur travail. En 1984, une fuite de gaz toxique dans l'usine américaine de pesticides, Union Carbide, à Bhopal, a causé la mort de vingt mille personnes, plus six cent mille atteintes de séquelles graves. Aujourd'hui encore, quinze ans plus tard, l'Isocyanate de Méthyle continue à tuer cinq personnes par semaine à Bhopal. L'entreprise a refusé de reconnaître toute responsabilité dans la catastrophe. Afin d'arrêter les poursuites elle a néanmoins versé deux milliards et demi de francs à titre d'aide humanitaire, soit l'équivalent de deux francs et vingt-sept centimes par action !

Après Tchernobyl, plusieurs sociétés européennes ont exporté des produits alimentaires irradiés. La Grande Bretagne envoya du lait, de l'agneau et du gibier dépassant de quatre cents becquerels la norme autorisée au sein de la Communauté européenne vers l'Iran, le Koweit, l'Égypte, Israël, les Philippines, Hongkong et Singapour[20].

Pour le coup, c'était trop. Je n'allais pas continuer à avaler de telles horreurs à la file. Je me demandais sérieusement ce que ces gens me voulaient. Ils me contactaient soi-disant pour enquêter sur un monde meilleur et ils commençaient par m'enfouir la tête dans un tas d'immondices. Je sentis la colère monter en moi, si je les avais eus sous la main je crois que je leur aurais envoyé leur rapport à la figure. Mais bon, qui savait où ils se trouvaient ? Je pense qu'au fond ma colère n'avait d'autre effet que de détourner mon attention d'un sentiment obscur qui commençait à m'envahir : je me sentais coupable. Et le pire est que je ne savais même pas de quoi. Bien sûr il m'arrivait de manger des crevettes. À qui cela n'arrivait-il pas ? Mais de là à me sentir coupable ! Il y a moins d'une heure encore, je n'avais seulement aucune idée des dégâts causés à l'autre bout du monde par le contenu de mon assiette. Je ne pouvais donc être tenu pour responsable de rien puisque je ne savais pas. Pour le reste, je n'avais jamais pratiqué le tourisme sexuel et, à ma connaissance tout au moins, le logement de fonction que nous avait attribué l'école, ne contenait pas le moindre meuble en bois exotique. Ici tout était « made in la montagne ».

Je me relevai en avalant une grande goulée d'air frais. C'était comme si je m'étais retenu de respirer le temps de la lecture. J'eus soudain l'impression que la

---

20. *Rapport sur la Planète terre*, Edward Goldsmith, Nicholas Hildyard, Stock, 1990.

montagne avait un goût que je ne lui connaissais pas. À quelques pas de là, dressée sur ses pattes arrières, une marmotte m'observait. Au-dessus, un aigle décrivait des cercles, observant la marmotte qui m'observait. J'émis un bref sifflement et elle disparut dans son terrier. J'avais l'impression que je n'avais jamais vécu ailleurs qu'ici. Même Clotilde, je crois, ne s'était pas adaptée aussi vite que moi. Ce n'est pas demain que je risquais de rencontrer à nouveau quelqu'un dans un embouteillage. Quand on a goûté une fois au bonheur, je crois qu'à moins d'une catastrophe, il devient tout simplement impossible de s'en passer.

3

SI C'ÉTAIT MAUVAIS POUR LA SANTÉ, ÇA SE SAURAIT

Pendant la descente, je butai sur un emballage de biscuits vide au beau milieu du chemin. D'habitude, depuis le début de ma nouvelle vie en tout cas, ce genre de truc me met hors de moi. Mais là, soudain, je m'en trouvai presque attendri. Qu'était-ce après tout qu'un tout petit emballage de rien du tout au regard de centaines de tonnes de déchets toxiques ? Je fis alors une chose que je n'aurais jamais pensé pouvoir faire : je le ramassai et le mis dans ma poche. Avant, de rage, j'aurais donné un coup de pied dedans, vitupérant après tous ces gens qui disent aimer la montagne et la couvrent de leurs ordures. Mais le ramasser, certainement pas, je n'aurais pas supporté l'idée de nettoyer les cochonneries des autres. Pourtant, oui, ce jour-là je me sentais attendri. Un peu plus bas je trouvai une boîte de boisson gazeuse et mon attendrissement me quitta d'un coup. Mais je la ramassai aussi quand même. En arrivant au village je rencontrai Max.

Max était né ici et y avait grandi avant de s'en aller courir le monde. Il avait commencé par accomplir le tour de France comme compagnon charpentier, puis, son chef-d'œuvre réalisé, s'en était allé semer ses charpentes un peu partout à travers le monde. Parfois je pensais à tous ces toits qu'il avait dû laisser derrière lui au hasard des pays traversés. Son ouvrage fini, au lieu de le signer de son nom comme le font habituellement ceux de sa corporation, il gravait quelques vers dans la poutre maîtresse, toujours les mêmes : « Il n'y a plus que la Patagonie, la Patagonie, qui convienne à mon immense tristesse, la Patagonie, et un voyage dans les mers du Sud/Je suis en route[21] ».

Mais Max n'était pas quelqu'un de triste. Pour ma part, je le trouvais même plutôt joyeux. Un jour il était tombé d'un toit et s'en était tiré sans grand mal mais la chute lui avait été comme un signal. Il avait alors décidé de rentrer au pays. C'est important, disait-il, d'avoir un pays à soi. Quand on a un pays à soi on peut voyager partout à travers le monde sans jamais se sentir étranger nulle part. Le jour où je suis tombé du toit, avant même de toucher le sol, avant de savoir si j'allais me tuer ou rester estropié à vie, j'ai su que l'heure était venue pour moi de revenir au pays. Laurence était rentrée avec lui. Il l'avait rencontrée au Portugal et épousée à Manille. Elle était ébéniste. À eux deux il formait un couple du bois. Quand je passais devant la fenêtre de son atelier, je voyais Laurence immuablement penchée sur son ouvrage. Parfois elle posait son oreille sur le plateau d'une table et j'avais l'impression qu'elle écoutait une histoire.

Max et Laurence avaient ramené de leurs pérégrinations à travers le monde une forme de regard bien à eux. Ils n'étaient pas de ces gens qui vous coupent la parole à tout bout de champ ou détournent les yeux quand vous discutez avec eux. Non, ils vous écoutaient avec une sorte de densité, je dirais presque de gravité bien qu'ils pouvaient soudain éclater de rire sans raison apparente. Voilà, si je devais qualifier Max et Laurence, je les clas-

---

21. Blaise Cendrars, *Prose du Transsibérien et de la petite Jeanne de France*, Poésies complètes, Gallimard.

serais dans la catégorie des personnes joyeusement graves. Ils s'intéressaient à tout et quand ils s'exprimaient sur un sujet, on sentait qu'ils savaient de quoi ils parlaient. Cela faisait quelques années que l'on évoquait en France la démission des intellectuels. Bien sûr, si on pense à tous ces gens qui font métier de réfléchir en direct à la télévision ! Quand je voyais Max et Laurence, je savais que les véritables intellectuels n'avaient pas démissionné, ils avaient simplement quitté les plateaux de télévision pour s'en aller à travers le pays fabriquer des meubles et construire des charpentes. Travailler le bois, ce n'est pas quelque chose qui vous empêche de réfléchir.

– Salut.

– Salut.

– Tu viens du Dos rond du buffle ?

– J'y étais au lever du soleil.

Il me sourit.

– Tu l'as échappé belle.

Je crus qu'il plaisantait, allusion à l'aigle qui n'avait cessé de décrire des cercles dans le ciel.

– Les marmottes commencent à sortir, il n'attend pas après moi pour son repas.

– Je ne parlais pas de l'aigle, plutôt du groupe de décathlonistes qui s'est mis en route sur le coup des huit heures. Ils faisaient un tel boucan qu'on pouvait les suivre à l'oreille bien après le Saut du renard. Tu ne les as pas vus ? Il y en avait deux en rose fluo.

Je sortis les emballages de mes poches. À ma surprise, Max s'en saisit.

– Ils ont dû bifurqué vers l'Aiguière, lui dis-je, je suis tombé sur leurs traces en redescendant, elles étaient encore fraîches. Quand je pense à toutes ces sources qui crèvent la montagne, il faut être le roi des cons pour s'alourdir de ce genre de cochonnerie et le dernier des saligauds pour balancer la boîte vide comme si la nature était une poubelle.

Mais cette fois Max ne m'écoutait pas, il lisait l'étiquette.

Je le plaisantai à mon tour.

– Tu essayes de les identifier ?

– Je m'intéresse à ce genre de produits. Je fais partie d'un réseau d'alerte qui traque à travers le monde les substances dangereuses que l'on retrouve au mépris de la santé des consommateurs sur les rayons des supermarchés. Tiens regarde, il y a de l'Aspartam là-dedans.

Il me tendait la boîte de boisson gazeuse.

– Oui, et alors ?

L'Aspartam, je sucrais tous les matins mon café avec. Deux sucrettes et j'étais sûr de garder la ligne jusqu'à la fin de mes jours.

– Alors ? Est-ce que tu sais que des chercheurs américains ont établi une corrélation entre la hausse alarmante du nombre de tumeurs aux cerveaux et l'arrivée sur le marché des boissons *light* au début des années quatre-vingt ?

Oh ! la la, pour le coup j'étais prêt à réviser mon jugement sur la reconversion des intellectuels dans l'ébénisterie. Après tout, la poussière de bois ça s'infiltre partout, qui sait si à la longue ça ne finit pas par vous boucher les canaux de l'intelligence ? Parce que l'histoire de tous ces produits nouveaux qui vous donnent le cancer, je l'avais déjà entendue plus souvent qu'à mon tour à l'heure de l'apéritif, du temps où j'occupais un emploi sérieux. Je m'en étais alors ouvert à mon chef de service qui n'en savait pas plus que moi sur le sujet, mais m'avait rassuré en me disant que si c'était dangereux pour la santé ça se saurait et que, de toute façon, les autorités ne laisseraient pas faire une chose pareille. Bien sûr, depuis, il y avait eu l'histoire du sang contaminé et de la vache folle, mais je n'étais ni hémophile ni gros mangeur de viande. Tandis que les sucrettes…

– Les autorités ne laisseraient pas faire une chose pareille, dis-je.

Max ne souriait plus du tout. À cet instant il n'était pas joyeusement grave. Il était grave tout court.

– Les autorités ? Viens, je vais te raconter l'histoire de l'Aspartam, peut-être qu'après tu jureras moins par les autorités.

Il me prit par le bras et m'entraîna avec lui sur un banc de pierre au soleil.

– J'ai du travail, essayai-je de me défendre.

– Du travail ? Je croyais que tu étais au chômage.

– Justement, mon travail c'est de prouver que je cherche du travail.

– Écoute quand même, on ne sait jamais, peut-être que mon histoire te servira pour le travail que tu cherches.

Je le regardai avec un drôle d'air. Je le trouvais bien mystérieux tout d'un coup. Mais, après tout, mon ordinateur pouvait attendre ; vu le rapport que j'avais dans mon sac à dos, je n'étais pas vraiment pressé de connaître la suite.

– L'Aspartam, commença Max, a été découvert en 1965 aux laboratoire Searle aux États-Unis. Les chercheurs travaillaient alors sur la mise au point d'un médicament contre les ulcères. En goûtant sa poudre, le chimiste s'est rendu compte qu'elle avait un goût étonnamment sucré. Pour les industriels de l'alimentaire ce fut une véritable aubaine : les autres édulcorants, cyclamates et saccharine, venaient d'être interdits après que des études sur des animaux aient révélé l'apparition de cancers. Mais en 1974 l'Aspartam est interdit à son tour : deux études l'impliquent directement dans la formation de tumeurs chez des animaux de laboratoires.

Je levai les yeux du côté du Dos rond du buffle : l'aigle ne tournait plus dans le ciel. Je me demandai s'il avait renoncé pour la matinée ou s'il avait eu raison de la vigilance de la marmotte et s'en était retourné à son aire donner la becquée à ses petits. J'imaginai la marmotte qui échappait à l'aigle pour finir gavée d'Aspartam dans une cage de laboratoire où, plutôt que des marmottons, elle pondait des tumeurs cancéreuses à la file. Max poursuivait son histoire :

– En 1980, après un nouveau refus de mise sur le marché, le laboratoire Searle soumet de nouvelles études à la Food & Drug Administration. Le Toxicologue de la commission les réfute au motif qu'elles ont été manipulées : des décès d'animaux ont été cachés et, dans certains cas, des tumeurs ont été extraites et l'animal remis comme sain dans l'étude. Au total quatre vingt-dix huit animaux sur cent quatre vingt-seize sont décédés. Pourtant la FDA va finir par revenir sur sa position et voter l'agrément à une voix de majorité, celle du commissaire Arthur Hayes, lequel se retrouvera aussitôt après… embauché par le laboratoire Searle. Dix ans plus tard, le National Institute of Health publiera un document énumérant cent soixante-sept raisons d'éviter le produit. Entre temps Searle aura vendu sa licence à Monsanto qui le commercialise désormais sous le nom de *NutraSweet* et d'*Egal.*

Je n'écoutais plus Max que d'une oreille : *NutraSweet* c'était justement la marque de mes sucrettes, j'essayais d'établir le compte de celles que j'avais avalées depuis dix ans à raison de deux par jour.

– En 1994, la FDA avait déjà enregistré près de sept mille plaintes d'effets secondaires liés à la prise d'Aspartam, y compris dans les gommes à mâcher : maux de têtes fréquents, vertiges, vision troublée, changements d'humeur, douleurs aux ventres et crampes musculaires, dépressions, pertes de mémoire, douleurs aux jointures et même crises d'épilepsie. Des pilotes américains ont vu leurs licences suspendues à la suite de symptômes liés à l'absorption de boissons contenant de l'Aspartam. Des bulletins d'information ont été publiées par l'U.S. Air Force et l'U.S. Navy pour prévenir les militaires des risques. Tu parlais des autorités tout à l'heure ? Alors que le Pentagone aurait indexé l'Aspartam dans l'inventaire des armes chimiques, plus de quatre mille deux cent produits alimentaires en contenant – des crèmes glacées à la vinaigrette en passant par les céréales du petit déjeuner et les plats surgelés – se baladent chaque jour en toute légalité sur les tables des consommateurs américains et partout ailleurs dans le monde. On en trouve même dans certains médicaments et compléments vitaminés.

Depuis un moment je transpirais à grosses gouttes. Je ne savais si c'était une douleur subjective ou bien réelle mais j'avais l'impression qu'on m'écrasait la tête entre les mâchoires d'un étau.

– Pour les sucrettes…

Ma voix me fit l'effet d'un enfant qui aurait pleuré à des kilomètres de là. C'est même à se demander comment Max réussit à l'entendre.

– Pour les sucrettes, dit Max, à qui j'étais pour ma part persuadé n'avoir rien demandé, je viens de recevoir les dernières analyses effectuées par un laboratoire indépendant. (Il sortit un papier de sa poche qu'il se mit à lire). L'Aspartam se révèle peu stable dans les liquides. Il se décompose à des températures moyennement hautes. Dans le café (mon dieu ! il avait dit : dans le café) ou exposé longtemps à la température de la pièce, il entraîne la formation de méthanol qui se décompose ensuite en formalidéhyde, en acide formique et en diketopiperazine, trois substances connues comme facteurs de tumeurs aux cerveaux.

– Eh bien ! éructai-je (je voulais à tout prix me donner bonne contenance mais ma voix me semblait sortir d'un accordéon rouillé), ce n'est pas sans risque de vouloir maigrir.

– Maigrir ! éclata Max de rire. Mais l'Aspartam ne fait absolument pas maigrir. L'Aspartam c'est simplement un truc qui permet à Monsanto de gagner des milliards de dollars.

Je trouvais que pour un intellectuel du bois, il avait par moment un rire qui frisait la vulgarité.

– Comment ça, pas maigrir ? Si ça ne faisait pas maigrir ça se saurait, quand même !

Je n'avais pas fini ma phrase que je savais que je venais de dire une bêtise.

– Sur quatre-vingt mille femmes suivies durant six ans par l'American Cancer Society, celles utilisant des édulcorants de synthèse ont pris plus de poids que celles qui n'en consommaient pas.

– Je m'excuse Max mais là, vraiment, je dois y aller.

– Comme l'Aspartam contient le même nombre de calories que le sucre mais avec un pouvoir sucrant deux cent fois plus élevé, certains chercheurs ont émis l'hypothèse que le pancréas pourrait compenser par une surcharge en insuline l'effet trompeur ainsi produit. La chute de sucre qui en résulterait donnerait alors à nouveau le désir de manger. Une étude parue en 1997 démontre que les femmes qui suivent un régime à base d'aliments à l'Aspartam ont tendance à vouloir manger davantage dans les jours qui suivent et que le simple fait de mâcher de la gomme à l'Aspartam augmenterait l'appétit[22].

L'avantage avec un ordinateur, c'est qu'on peut le couper sans risque de paraître impoli. Là, m'enfuyant comme un voleur après avoir laissé Max en plan sur son banc, je me faisais l'effet d'un moins que rien.

---

22. Source : Groupe Mission Possible International. http ://dorway.com/possible. html, Guide Ressources, Montréal, 01/99.

4

L'ORGANISATION DE LA DÉSORGANISATION DU MONDE

« L'un des objectifs majeurs de notre gouvernement est de s'assurer que les intérêts économiques des États-Unis pourront être étendus à l'échelle planétaire [23]. »

Madeleine Allbright

En arrivant à la maison je commençai par balancer mes réserves de sucrettes à la poubelle, puis je me fis un café fort que j'essayai de boire amer. À la deuxième gorgée, je décidai de courir chez Fine m'acheter un kilo de vrai sucre. Au passage je repérai sur le comptoir un paquet de biscuits dont l'emballage me fit penser à celui que j'avais imprudemment abandonné entre les mains de Max. Je jetai un coup d'œil dessus afin de m'assurer qu'il contenait bien de l'Aspartam. Tant qu'à mourir dans d'horribles convulsions, je n'aurais pas été mécontent d'apprendre que tous ces gens qui souillaient la montagne de leurs costumes rose fluo et semaient le chemin de leurs ordures, allaient bientôt me suivre dans la tombe. Je me surpris même à rire tout seul à l'idée que, question santé, ils auraient eu meilleur compte de manger l'emballage et de jeter le contenu. Bon, si je pouvais rire, cela voulait au moins dire que j'étais encore en vie.

– Je vous compte les biscuits avec ? me demanda Fine.

---

23. Secrétaire d'État américaine. Dans *The Wall street journal*, Bruxelles, 21 janvier 1997.

Je les reposai comme si j'avais craint qu'ils ne m'explosent à la figure. Il ne manquerait plus que je me retrouve avec un truc pareil dans la poche. À la première lecture, je n'avais rien décelé de suspect côté édulcorant de synthèse – il faut dire que les caractères étaient écrits en tout petit et que l'épicerie de Fine ne brillait pas par la qualité de son éclairage. Un terme que je ne connaissais pas avait pourtant retenu mon attention : margarine hydrogénée. En tout cas je ne risquais pas d'interroger Max à ce sujet. Je piquai un sprint à travers la place et fis un large détour pour éviter de repasser devant le banc, il devait encore être assis dessus à sourire au soleil. C'est sûr, mon café allait être froid.

Je n'avais pas fini de le boire que mon ordinateur émit un signal sonore m'informant que mon correspondant m'invitait à le retrouver sur notre site de dialogue.

– Il y a quelque chose dont on n'a pas parlé tout à l'heure, fut la première phrase qui apparut sur mon écran aussitôt que je l'eus rejoins.

Pendant un moment je restai sans voix. Puis je tapai avec beaucoup d'hésitation une brève question, comme si les touches de mon clavier étaient soudain des petits œufs prêts à se briser sous mes doigts :

– Max ?

Il y eut d'abord un silence, puis :

– Je suis bien en communication avec Arobas ?

– Oui.

Un autre avantage de l'ordinateur, c'est l'économie de mots. Dans la conversation courante par exemple j'aurais répondu : oui, oui c'est bien moi Arobas. C'est que le langage parlé induit naturellement des pertes d'efficacité, là où le langage écrit s'efforce lui d'aller à l'essentiel. Bien sûr la question se pose de cette manie que nous avons de toujours vouloir aller à l'essentiel, quand la plupart de nos actes (tout au moins pour ceux d'entre nous qui ont un toit, mangent à leur faim, ne sont pas abrutis de travail ou désespérés par le chômage et ont la chance de pouvoir échanger des sentiments avec une ou plusieurs autres personnes : une toute petite minorité donc), quand la plupart de nos actes, disais-je, ne sert à rien d'autre qu'à manifester notre étonnement et notre plaisir à nous sentir en vie. Je me demande même si une fois nos besoins essentiels assurés, une telle efficacité mise au service de biens superflus ne finit pas par nous devenir préjudiciable. Du coup je décidai de réintroduire un peu d'oralité dans l'ordinateur :

– o dodi/a dada orzoura/o dou zoura/a dada skizi, tapai-je histoire de bien montrer que ce n'est pas parce que j'étais au chômage que j'étais prêt à accepter n'importe quelles conditions de travail. Et je me reculai sur ma chaise pour contempler le silence blanc de stupéfaction de mon écran. Mais non, des mots s'y affichaient :

– o kaya/o kaya pontoura/o ponoura/apena/poni. Août 1946, première version de *Le retour d'Artaud le mômo*[24].

– OK, m'inclinai-je, je baisse les bras, qui que vous soyez, je vois que je n'ai pas intérêt à faire le malin, alors de quoi n'avons-nous pas parlé tout à l'heure ?

– Des margarines hydrogénées.

Cette fois c'était trop.

– Écoute Max, si tu veux me parler, traverse la rue, mais s'il te plaît arrête cette comédie.

– Je ne comprends pas. Qui est Max ?

---

24. Antonin Artaud, *Œuvres complètes XII,* Gallimard.

– Et vous, qui êtes-vous ? Je n'ai encore communiqué avec personne par ordinateur aujourd'hui.

J'eus l'impression qu'un soupir de soulagement envahissait mon écran.

– Je comprends, c'est à cause du décalage horaire. Pour toi notre dernière conversation remonte à hier au soir mais pour moi c'était très tôt ce matin.

Je n'étais pas vraiment convaincu mais je ne voyais pas ce que je pouvais faire d'autre que de le croire. Je tentai une dernière manœuvre.

– Où êtes-vous ?

– Nous sommes tout un groupe réparti à travers le monde.

– D'accord, mais vous. Où êtes-vous, vous ?

– Je ne peux pas le dire.

Au moins c'était clair. Après tout qu'est-ce que je risquais ? De n'être pas payé à la fin du mois ? De toute façon qui d'autre allait me proposer un travail dans un village perdu de montagne ?

– D'accord, parlez-moi des margarines hydrogénées, acquiesçai-je.

– Plusieurs études leur attribuent la formation d'un cholestérol particulièrement agressif à l'origine d'une forte augmentation de décès dus à des maladies cardiovasculaires. Les margarines hydrogénées entrent dans la composition de la quasi totalité des produits de pâtisserie industrielle…

– Un instant s'il vous plaît.

Cette fois ce n'était pas la peine de reprendre l'histoire par le menu, j'avais eu mon compte un peu plus tôt avec l'Aspartam. De toutes façons j'avais récemment opté pour le principe de précaution. On n'est pas sûr d'un truc, dans le doute, on en mange un autre. Je me fichais suffisamment de la figure des randonneurs rose fluo et de leur nourriture high-tech, pour ne pas me mettre à me gaver de produits à la margarine hydrogénée quand la montagne était pleine de vaches produisant lait, beurre et fromage à volonté. Sans parler du pain de Maurice que s'en priver aurait été un péché susceptible de vous être reproché au jour du jugement dernier. Quand je repris place devant mon écran un long moment s'était écoulé.

– Il y en avait beaucoup ? demanda mon interlocuteur.

– Plein le réfrigérateur et encore autant dans les placards : pâte brisée, feuilletée, à pizza, margarine bien sûr, bouillon cubes, biscuits, plusieurs sortes de plats préparés... bon, maintenant c'est tout à la poubelle avec les sucrettes, il va falloir que je fasse les courses avant le retour de Clotilde. Dites-moi, je voulais vous poser une question, j'ai lu votre rapport, enfin pas tout mais une bonne partie quand même, il y a quelque chose que je ne comprends pas.

– Oui ?

– Comment ça marche ?

– Cette fois c'est moi qui ne comprend pas.

– Je veux dire, comment en est-on arrivé là, toutes ces horreurs ? Comment nos représentants politiques ont-ils pu laisser la situation se dégrader à ce point ? Comment nous, avons-nous pu laisser nos représentants politiques nous raconter toutes ces histoires sur les droits de l'homme pendant que s'organisait sous nos yeux cet état du monde. Un petit nombre qui s'engraisse, une majorité qui survit, des marchands de soupe qui gagnent leur vie en tuant leurs clients à petit feu. Et surtout qu'est-ce qu'on peut y faire ?

– Pour la dernière question, je te rappelle que c'est justement l'objet de ton embauche. Pour le reste, c'est difficile de répondre comme ça en bloc, mais si tu es d'accord on peut essayer de défricher le terrain par petites étapes. Il y a des tas de gens qui réfléchissent là-dessus depuis des années. Pour commencer un peu d'histoire ne pourra pas te faire de mal. On s'entend aujourd'hui pour dire que le monde se trouve sous l'influence de l'impérialisme américain, tout particulièrement depuis l'effondrement du bloc soviétique. Mais il y a cinq siècles l'Amérique était peuplé d'Indiens, lesquels n'avaient aucune ambition hégémonique sur le reste du monde. À la vérité ce à quoi nous assistons aujourd'hui est l'aboutissement d'un processus qui prend son plein essor au cœur de l'Europe des Lumières au XVIIIe siècle mais dont on peut penser qu'il était d'ores et déjà à l'œuvre dès les origines des temps historiques : « Fructifiez, multipliez, emplissez la terre, conquérez-la[25] » est le message que l'homme monothéiste s'adresse à lui-même dans la Genèse, via la parole d'un dieu qu'il s'invente pour la circonstance.

Conquérez-la. L'inventeur du Discours de la méthode, le français Descartes, ne signifiera rien d'autre au XVIIe siècle quand il écrira : « Grâce à sa raison l'homme deviendra le maître de l'univers ». Contrairement à ce que les luttes qui vont opposer après lui les tenants de la pensée rationnelle aux gardiens de la foi pourraient laisser supposer, il ne se produira pas alors de rupture fondamentale entre ce qui est parfois considéré comme deux visions divergentes de

25. Entête, Genèse, verset 28. *La Bible,* Chouraqui, Desclée de Brouwer.

l'univers. (Il est du reste à noter que Descartes tenait, lui, des deux). La conception que se fera l'homme des Lumières, du monde et de la place qu'il s'y assigne restera au vrai inchangée : le projet de domination de la nature était déjà inscrit dans la pensée monothéiste. Ce qui commence inexorablement à s'effacer dès cette époque, c'est le terme même de Dieu, cette part inconnue de l'homme en lui. Après l'avoir projetée à l'extérieur dans les arbres, les rochers, le tonnerre, le feu, l'eau... puis l'avoir rassemblée en quelques figures sur l'Olympe grec, et enfin en une seule entité à laquelle il voue obéissance, l'homme occidental finit par la dévorer pour déclarer sa raison seul maître à bord de l'univers. Après s'être soumis à Dieu, il se soumet à sa propre raison. Pourtant son projet initial est toujours le même : se rendre maître de la nature. En libérant sa raison de toute contrainte idéologique, l'homme occidental va simplement devenir incroyablement plus efficace. Il y a néanmoins quelque chose qu'il vient de perdre et qui, sans qu'il puisse encore s'en douter, va le conduire aux plus grands désastres : c'est la relation avec sa propre irrationalité. Sous l'influence du matérialisme scientifique, tout ce qui ne peut être vu avec les yeux ou appréhendé avec les mains sera révoqué en doute, nous dit le psychanalyste suisse Carl Gustav Jung. Les représentants les plus avancés de la conscience européenne vont s'employer à enfermer l'esprit dans une dépendance totale à la matière et aux causes matérielles[26]. Est-ce à dire que la part d'irrationnel en lui que l'homme occidental nommait Dieu a purement et simplement

---

26. Lire *L'Homme à la découverte de son âme*, C.G. Jung, Buchet-Chastel.

disparu ? Ce serait folie de le croire. C'est même très exactement le contraire. Pour ne plus être élaborée par la pratique spirituelle, cette partie de la psyché humaine se retrouve coupée de la sphère consciente et se développe désormais à l'abri des regards pour se fixer en toute clandestinité là où elle ne l'aurait pu jadis. Désormais privée du champ d'action qui lui était jusque là dévolu, elle va étendre son empire dans l'ombre et se projeter où bon lui semble. Dieu est mort ? À la place l'homme occidental divinisera la machine, l'argent et toute chose concrète que sa raison libérée de toute contrainte lui permettra d'appréhender.

« La tyrannie de la raison – tout comme son sommeil – peut aussi produire des monstres[27]. » Après avoir donné naissance à la Déclaration universelle des droits de l'homme, aux révolutions française et américaine et à *l'habeas corpus* (qui garantit la liberté individuelle et protège contre les arrestations arbitraires), le siècle des Lumières va s'achever dans la Terreur et la suppression des garanties judiciaires des accusés. Quant aux progrès de la science et des techniques dont se sera dotée l'Europe durant cette période, ils seront mis tout au long du XIXe siècle au service d'un projet sans frein d'expansions et de conquêtes. Qui s'inquiète alors de la catastrophe que représente pour les autres peuples de la Terre, ce triomphe du rationalisme occidental ? Grâce à la redoutable force de leur machinerie militaire, les puissances européennes « asservissent, colonisent, exploitent les hommes des cinq continents. Les autres cultures ne perçoivent du génie rationaliste que son arrogance, sa suffisance, sa brutalité, avant de périr souvent par le fer et le

27. Ignacio Ramonet, *Géopolitique du Chaos*, Galilée.

feu[28]. » En se représentant l'homme comme la fin dernière de l'univers, nous dit François Partant, l'occidental se perçoit comme différent des autres espèces. « Il se place lui-même au sommet d'une hiérarchie du vivant et utilise son milieu pour vivre et s'épanouir, le réduisant ainsi à une fonction : il a vocation à dominer l'univers pour le mettre à son service. Cette représentation le conduit à un irrespect fondamental à l'égard du monde physique et des autres espèces vivantes qu'il soumet à son seul intérêt. Dans la mesure où il élimine beaucoup de contraintes et de scrupules, cet irrespect a contribué aux succès historiques de l'Occident. Une telle vision hiérarchique du vivant conduit tout naturellement à une représentation inégalitaire des sociétés humaines, celles-ci se trouvant plus ou moins avancées sur la route qui mène de l'homme préhistorique à l'homme contemporain, leur degré d'évolution dépendant de leur niveau de connaissance scientifique et de maîtrise des techniques[29]. »

Ainsi se trouve justifiée, aux yeux de ceux qui entendent l'imposer au reste du monde, la supériorité de la civilisation européenne. Dès lors les peuples ne sont pas conquis mais « civilisés ». Le temps n'est pas si loin où l'on « disputait » doctement sur la question de savoir si les Indiens avaient ou non une âme. Quelle différence avec nos bons instituteurs français qui apprenaient au début de ce siècle à leurs petits élèves algériens, l'histoire de leurs ancêtres les Gaulois ? Ces instituteurs-là se sont-ils jamais demandés si les Arabes et les Berbères avaient une histoire ? Le monde se regarde par les yeux

28. Ignacio Ramonet, opus cité.
29. *La Fin du développement*, F. Partant, Actes Sud (Babel), 1997.

de ceux qui le dominent. L'homme évolué n'est plus celui qui parvient à vivre en harmonie avec la nature et, au moyen de son autonomie économique, « à maîtriser les conditions de sa propre reproduction sociale » mais celui qui possède les moyens d'assurer sa « domination militaro-politique sur le reste du monde ». Dès lors, le pillage peut s'organiser en toute bonne conscience. La fonction assignée aux peuples colonisés par les pays dominants se limite à « livrer de l'énergie, des matières premières et certains produits agricoles[30], » sans oublier de fournir à l'occasion son lot de chair à canon pour défendre les frontières de la Mère patrie, ni son contingent de main d'œuvre bon marché pour faire tourner les usines de la Métropole. Il nous reste à nous confronter à la réalité de ce que certains osent continuer à qualifier aujourd'hui encore de « mission civilisatrice » !

J'éprouvai soudain le besoin de l'interrompre. C'était extraordinaire, il suffisait que je pose une toute petite question de rien du tout, pour voir mon écran se couvrir d'une forêt dense de caractères serrés. Mais depuis un moment je n'en suivais plus la lecture que d'un œil distrait. Depuis le moment, pour être précis, où mon correspondant avait pris en exemple les instituteurs français en Algérie. Cela peut paraître idiot mais je ne pouvais m'empêcher de me demander comment aurait réagi Clotilde cinquante ans plus tôt. Maintenant, il était facile d'avoir une vue large, tellement de choses avaient changé, mais à l'époque et compte tenu de la pensée ambiante, est-ce que Clotilde elle-même… ? Pour le coup j'étais complètement déboussolé, je regardais les

30. François Partant, opus cité.

mots se graver sur mon écran et je ne comprenais absolument plus ce qu'ils signifiaient.

– Je ne sais pas si je vais y arriver, l'interrompis-je.

– Arriver à quoi ?

Il était manifestement surpris par mon intervention.

– Tout ça… ce que vous attendez de moi… ces informations aussi que vous me donnez, il y a des moments où j'ai dû mal à vous suivre.

– Ne t'inquiète pas, l'ordinateur enregistre tout, tu auras le temps d'y revenir plus tard.

– Ce n'est pas ça, c'est plutôt que personne ne m'a jamais raconté l'histoire du monde de cette façon.

– Tu veux dire que c'est difficile de me croire ?

– Bien sûr que c'est difficile.

– De quoi est-ce que tu doutes ? Des chiffres que je te donne ?

– Non, pour les chiffres je vous crois, enfin, je vérifierai bien sûr, vous m'avez communiqué les références pour ça. Non, ce qui est difficile pour moi, c'est ce regard que vous posez sur le monde, c'est comme si vous regardiez le monde avec des yeux que je ne connais pas.

– C'est par là que tout commence, avant rien n'est possible. Ce qu'il faut, c'est juste accepter de déplacer un peu son regard. Non pas regarder ailleurs, mais regarder depuis ailleurs. Laisse-toi porter par ta nature poétique. Le monde est un navire qui bouge, si tu ne perçois pas les forces qui l'animent tu ne pourras jamais rien y comprendre.

Onze heures sonnèrent soudain au clocher de l'église, je réalisai qu'il ne me restait plus beaucoup de temps : vu l'état dans lequel j'avais mis nos provisions, je devais absolument m'occuper du repas de midi avant l'arrivée de Clotilde.

– D'accord, dis-je, je n'ai pas tout saisi mais on y reviendra un peu plus tard. Il ne me reste plus beaucoup de temps, on venait juste d'en terminer avec les colonies.

– Fin de la deuxième guerre mondiale donc, enchaîna-t-il aussitôt comme si je ne l'avais seulement jamais interrompu. Un nouvel ordre du monde est en train de naître. Alors que l'Europe, l'Union soviétique, le Japon et la Chine sortent très affaiblis du conflit, les États-Unis n'ont subi, eux, que des pertes humaines minimes. En larguant la bombe atomique sur Hiroshima et Nagasaki, ils manifestent clairement leur volonté de puissance à la face du monde. Pendant ce temps, un vent d'insoumission a commencé à souffler dans les colonies où ceux qui ont combattu sous les drapeaux des occupants rentrent avec le désir de reconquérir leur liberté. C'est alors que l'Amérique va leur apporter un soutien inespéré. Sous l'action conjuguée des révoltes intérieures et de la pression exercée du dehors par la toute nouvelle première puissance mondiale, les empires coloniaux européens se fissurent puis s'effondrent. En moins de trois décennies ils auront purement et simplement disparu.

– Et c'est là que tout change ?

– Et c'est là où rien ne change. Si les États-Unis poussent à la décolonisation, ce n'est nullement animés de sentiments altruistes pour les peuples opprimés, mais plus prosaïquement parce que les entreprises américaines n'entendent pas se voir privées plus longtemps de l'accès aux chasses gardées que représentent les colonies pour les États européens : sources d'approvisionnements en matières premières d'une part et marchés captifs pour leurs produits industrialisés d'autre part. Après l'esclavage, l'annexion par la force de territoires, le pillage des forces vives des pays pauvres par l'organisation des flux migratoires à destination des nations riches (grandes dévoreuses de main d'œuvre bon marché), va alors se mettre en place une toute nouvelle forme de l'oppression mondialisée : le système de libre-échange. Il est à noter qu'aussitôt la voie tracée par les États-Unis, les États européens leur emboîteront allégrement le pas.

– Je m'excuse mais le raccourci est un peu abrupt. Je ne comprends pas comment le libre-échange peut favoriser l'oppression puisque justement il est libre.

– Restons un peu avec François Partant si tu le veux bien et suivons-le au Gabon à la fin des années soixante-dix. « Prenons l'exemple du Gabon, pays faiblement peuplé et prodigieusement riche en ressources naturelles : bois d'okoumé, manganèse, uranium, pétrole, fer, etc. Toutes ces matières premières, dès lors qu'elles sont exploitables, sont exportées. À s'en tenir aux statistiques en valeur, on pourrait croire que le Gabon gagne beaucoup à les exporter. Mais il faut décomposer les prix. Le prix auquel les pays industrialisés achètent, par exemple, le manganèse doit d'abord mettre le Gabon en mesure de payer ou de rembourser à ces mêmes pays les innombrables biens et services qu'ils fournissent pour assurer à la fois la production et l'exportation de cette matière première (équipements, matériels, transports, financement, assurances…). Et c'est là que commence le scandale : non seulement les pays industrialisés absorbent la quasi totalité des ressources valorisables dans le monde, mais ils tirent tous les profits de leur production dans les pays qui les exportent. Leur appareil de production se développe à la faveur de la mise en exploitation et du commerce des matières premières qui leur sont indispensables. C'est d'ailleurs pourquoi ils sont si riches : ils détiennent un « monopole du travail ». En revanche, le pays producteur (en l'occurrence le Gabon) ne perçoit en définitive que quelques taxes pour l'entretien de son appareil d'État et les salaires versées à la main-d'œuvre locale. Une main-d'œuvre qui, de surcroît, diminue en nombre chaque fois qu'un progrès technique vient améliorer la productivité du travail. Si ce progrès permet d'accroître la production, les statistiques relèveront l'augmentation du PNB. L'économiste n'hésitera pas à dire que le Gabon est en voie de développement, alors qu'il se paupérise plus vite, puisqu'il se vide d'une ressource non renouvelable. [...] Quand les ressources naturelles du Gabon seront épuisées, les Gabonais seront un des peuples les plus pauvres du monde[31]. »

Bien qu'ayant tourné le dos à mon ancienne vie, je ne pouvais pas ne pas me sentir affecté par toutes ces allusions à mon précédent métier. Pensant à mon ancien moi, je me sentais des bleus à l'âme et je n'avais plus autant envie de faire le fier. J'eus alors la drôle d'impression que mon correspondant avait perçu mon désarroi et qu'il cherchait à me réconforter.

– C'est toujours douloureux de renoncer à ce que l'on a été, me dit-il, mais lorsqu'on y parvient on découvre un monde tellement plus accueillant qu'on ne comprend pas comment on a pu vivre si longtemps au dehors.

S'il existe un point commun entre un statisticien et un poète c'est bien leur pudeur. L'un cache son angoisse du vide derrière les chiffres qu'il empile, l'autre son trop-plein de sensibilité derrière les vers qu'il déclame.

---

31. *La Fin du système*, François Partant – opus cité.

– Parlez-moi de l'organisation de la désorganisation du monde, lui demandai-je, à seule fin de dissimuler l'embarras qui m'envahit aussitôt qu'un inconnu commence à me rôder autour de l'âme. Il n'en fallait pas plus pour le remonter. Cet homme-là était comme un jouet à ressort, un tour de clef et à peine posé sur ses roues, il fonçait droit devant lui jusqu'à épuisement.

– Une étape décisive va être franchie en 1944, à Bretton-Woods, où quarante-cinq pays se réunissent sous l'égide des Nations unies. Leur objectif : dessiner la nouvelle configuration du pouvoir économique mondial [32]. Le souvenir de la Grande Dépression des années trente hante alors les négociateurs dont la volonté est de voir s'instaurer un ordre capitaliste international stable. Désormais sur le déclin, le Royaume-Uni tente en vain de s'opposer à la volonté hégémonique de la diplomatie américaine. À l'issue des négociations, le doute n'est plus permis sur la nouvelle hiérarchie planétaire : les valeurs des monnaies de tous les États membres sont désormais fixées en parité avec le dollar qui devient la monnaie de référence internationale, et les deux institutions de régulation financière – le Fonds monétaire international (FMI) et la Banque mondiale – créées au cours de la conférence, se retrouvent sous contrôle américain.

Garant de l'ordre monétaire mondial, le FMI reçoit pour mission de prêter à court terme aux pays dont la

---

32. D'après : *La Dette,* exposition réalisée par France-Amérique Latine, Comité d'Eure et Loir, 10/98 ; *Rapport sur la planète Terre* - E. Goldsmith et N. Hildyard, Stock ; *O.M.C. : Organisation Commerciale du Monde,* Agnès Bertrand, http.//www. ecoropa. org/obs ; « Faillite du système de Bretton Woods », Frédéric F. Clairmont, *Manière de voir,* n° 32.

balance de paiement est déficitaire. En échange ceux-ci seront tenus de respecter les règles de « bonne conduite » du commerce international (ouverture de leurs marchés à la concurrence extérieure) et de procéder à des « ajustements structurels » visant à réduire leurs dépenses publiques : protection sociale, santé, éducation, assistance alimentaire. Dans le cas d'emprunts lourds, le FMI ira jusqu'à prendre les commandes effectives de la politique économique et sociale du pays débiteur. Celui-ci sera alors contraint de diminuer les salaires réels, et son activité sera exclusivement réorientée vers l'exportation aux fins de remboursement de sa dette. Comme pour l'exemple du Gabon tout à l'heure, la différence de valeurs entre exportations de matières premières et importations de produits à haute valeur ajoutée, ne profitera encore et toujours qu'aux grandes puissances. Quant au pays auquel on est censé venir en aide, il s'enfoncera encore un peu plus dans la misère et la famine. Ainsi lorsque le Soudan voudra diminuer ses exportations de coton et réorienter une part de son agriculture afin de nourrir sa population qui meurt de faim, le FMI exigera qu'il y renonce.

Initialement créée pour aider à la reconstruction de l'Europe (mais remplacée dans cette mission par le plan Marshall), la Banque Mondiale aura, elle, pour vocation de financer les investissements des pays du Sud. Son véritable objectif sera en fait le même que celui du FMI : assurer l'expansion de l'économie industrielle occidentale. En obligeant les pays emprunteurs à procéder à des appels d'offres internationaux pour la réalisation des travaux, elle garantira un débouché aux sociétés transnationales des pays du Nord. Établissement à statut commercial, elle ne prête de l'argent que pour des projets susceptibles de rapporter des profits, sans s'inquiéter ni de leur véritable utilité ni même de leur éventuelle nocivité sur les populations concernées. En 1984, dans une note interne, elle admettait que « de façon générale les problèmes écologiques n'étaient pas pris en compte ». Élevages industriels, barrages, routes transamazoniennes, tout est bon qui permet aux pays riches de vendre leurs technologies. Les besoins et les aspirations des populations locales ne sont eux nullement pris en compte, pas plus du reste que la viabilité du projet. Ainsi le barrage de Balbina au Brésil, cause de la destruction de deux cent trente-six mille hectares de forêts, du déplacement forcé de populations indigènes et d'un accroissement de l'endettement du pays, sera fermé au bout d'un an parce que non rentable du point de vue énergétique ! Actuellement, cent trente-quatre projets déplacent de force deux millions de personnes dans le monde et détruisent sans contrepartie leurs conditions d'existence.

La règle au sein du FMI et de la Banque mondiale, est qu'un vote égale un dollar. Les dix pays industrialisés les plus riches y contrôlent cinquante-deux pour cent des voix, tandis qu'avec dix-huit pour cent les États-Unis y disposent à eux seuls d'un pouvoir de blocage. Leurs sièges se trouvent à Washington et leurs directeurs sont invariablement américains. Quand, au début des années soixante-dix, la Banque mondiale refuse au président du Chili les prêts qu'il sollicite pour remettre son pays à flot, on sera en droit de se demander si elle n'agit pas sur ordre direct de la Maison blanche. Les instructions données alors par Richard Nixon à la CIA portent en tout cas à le croire : « Il faut les meilleurs hommes. Plan d'action : faire hurler de douleur l'économie chilienne. » Le 18 octobre 1972, la CIA câble à son antenne de

Santiago : « Allende doit être renversé par un coup d'État[33]. » Un an plus tard, c'est fait. Le président démocratiquement élu du Chili est retrouvé « suicidé » dans son bureau du palais de la Moneda. La grande répression commence à coups de tortures, viols, meurtres : elle fera plus de trois mille morts (aujourd'hui encore, mille deux cent personnes sont toujours portées disparues). La Banque mondiale va alors accorder à Augusto Pinochet les prêts refusés quelques mois plus tôt à Salvador Allende : l'ordre économique règne sur le Chili.

Pour le coup j'aurais voulu sortir prendre un peu l'air mais il ne m'en laissa pas le temps. Il enchaînait sans aucune interruption le récit des pires exactions qui soient et les stratégies du commerce international. C'était à croire que pour lui tout cela était intimement lié.

– En 1947, trois ans après la conférence de Bretton Wood, les grandes puissances se réunissent à nouveau afin de se mettre d'accord sur le partage du gâteau mondial. Le cadre fixé prend le nom de GATT (Accord général sur les tarifs douaniers). Assoiffés de nouveaux marchés, les États-Unis n'auront dès lors de cesse de pousser à la suppression des barrières douanières et réglementaires grâce auxquelles les pays protègent leurs économies. Les autres membres du G7 (les sept pays les plus riches du monde : Japon, Canada, Allemagne, France, Angleterre, Italie) leur emboîtent le pas, se limitant à la défense de leurs intérêts propres quand ils estimeront ceux-ci par trop menacés. On se rappelle le bras de fer entre l'Europe et les États-Unis sur la question

33. Notes secrètes, citées dans *L'Événement du Jeudi*, 29 oct. 1998.

agricole ou encore l'exception culturelle négociée par la France. Peu à peu le GATT finit par recouvrir les quatre cinquièmes des échanges mondiaux. Sous la pression américaine, il s'efforce de faire entrer toujours plus de nouveaux secteurs dans son champ de compétence : agriculture, culture, services, investissements, propriétés intellectuelles en vue de les soumettre aux lois du marché. C'est ainsi que la brevetabilité des espèces vivantes génétiquement manipulées va se retrouver – en l'absence de tout débat public – inscrite dans les textes de loi du commerce international ! Quid des citoyens et de leurs représentants élus ? Lors des sessions, la technicité des termes et le huis-clos favorisent la prééminence d'experts habilement conditionnés par les groupes de pression des sociétés transnationales. Jean-Marie Rauch, ministre du commerce extérieur qui suivit les négociations pour le compte de la France de 1988 à 1991, confiera à un ami : « Au GATT, je n'ai jamais compris ni ce que l'on négociait, ni comment négocier. Tout ce que je sais, c'est que pour prendre la parole, il me fallait mettre à la verticale mon présentoir. J'avais alors à lire une position préparée par les experts. Je ne savais pas qui étaient les experts[34]. » Si l'enrobage est éminemment technique – au point de rendre le contenu des délibérations volontairement hermétiques – la pensée qui s'y propage est, elle, d'une remarquable simplicité (pour ne pas dire simpliste) : l'augmentation du commerce international accroît la richesse pour tous.

La richesse pour tous ? Au Sud : famines, déforestation, pollution, guerres, dictatures, extension des bidonvilles,

---

34. Cité par Agnès Bertrand dans *OMC : Organisation Commerciale du Monde,* opus cité.

émigration… Au Nord, touché à son tour par « l'effet boomerang » : explosion du chômage et du travail précaire, flexibilité, creusement des inégalités, violences urbaines, drogues… entraînant montée du racisme et des idéologies d'extrême-droite. Pour tous ? Les trois personnes les plus riches du monde possèdent une fortune supérieure au PIB [35] cumulé des quarante-huit pays les plus pauvres, dont la population compte plus d'un milliard d'habitants !

Mais trop n'est jamais assez. Durant les années quatre-vingt-dix, une nouvelle étape va être franchie. Le GATT, qui n'a encore que le statut juridique d'un accord contractuel provisoire, va se transformer, sous le sigle OMC (Organisation Mondiale du Commerce), en structure permanente avec force de contrainte sur les États signataires. Pendant quatre ans, les négociations auront été menées, dans l'ignorance la plus totale des gouvernements, entre le GATT, le FMI et la Banque mondiale. Les chefs de délégation des États membres n'en prendront connaissance qu'en décembre 1993 au cours d'une réunion informelle. « Comme a pu l'écrire Ralph Nader, il s'agit d'un traité auto-exécutoire qui s'arroge simultanément le pouvoir exécutif, juridique et législatif[36]. » L'organe suprême de l'OMC, le Conseil général (composé des représentants des pays membres) n'a l'obligation statutaire de se réunir que tous les deux ans ! Les experts œuvrant au sein des divers conseils (conseils des marchandises, des services, de la propriété intellectuelle, etc.) ont dès lors

---

35. Produit Intérieur Brut : somme des activités économiques d'un pays réalisées sur son territoire.

36. Agnès Bertrand, opus cité.

toute liberté de conduire les affaires courantes à l'abri du regard des politiques. Dans ce domaine la palme revient au Conseil de la propriété intellectuelle, dont tous les amendements non rejetés dans les deux mois se retrouvent automatiquement adoptés.

La majorité des plaintes déposées à l'OMC depuis sa ratification visent les législations de protection de l'environnement et des consommateurs : États-Unis contre l'interdiction européenne d'importer de la viande aux hormones, pays asiatique contre la législation américaine limitant la taille des filets de pêche, Canada contre l'interdiction française de matériaux de construction contenant de l'amiante[37] ! Bien des hommes politiques mesurent désormais – mais un peu tard – l'atteinte grave portée par un tel traité à la souveraineté des États signataires.

Qui a dit que la faim venait en mangeant ? Tandis que partout dans le monde, en Inde, en Corée, au Japon, au Mexique, au Canada, aux U.S.A (trois syndicats agricoles américains sur quatre étaient opposés au GATT), les peuples se lèvent et font pression sur leurs gouvernements pour les convaincre de ne pas abandonner leur souveraineté au profit de sociétés transnationales, tandis que huit mille citoyens venus du monde entier (dont des Américains et des Japonais) manifestent à Genève pour un commerce équitable et un développement solidaire entre le Nord et le Sud, tandis que des émeutes de la faim éclatent en Égypte, en Tunisie, en Algérie, en Argentine, au Venezuela, en Indonésie… ceux qui se tiennent désormais pour les maîtres de la planète, décident de mettre la touche finale à leur projet de domination sans partage.

37. D'après « L'AMI, C'est pas fini », , *Politis*, 23 juillet 1998.

Sans en revoir reçu mandat des gouvernements, ils rédigent, dans le plus grand secret, rien moins que ce qu'ils s'autorisent à nommer eux-mêmes « la Constitution d'une économie mondiale unifiée [38] ». Que les peuples et leurs représentants fassent silence, et les épiciers et leurs comptables gravent à même la chair des opprimés les Tables de la loi du troisième millénaire. Elles ont pour nom A.M.I. : Accord Multilatéral sur les Investissements. Foin ici de la culture, de la dignité humaine, du droit à se nourrir et à travailler, du respect de l'environnement, de la souveraineté des États-nations et de leur Constitution, « l'AMI est un traité signé par les gouvernements en vue de PROTÉGER LES INVESTISSEURS INTERNATIONAUX [...] Nous nous opposerons à toute mesure quelle qu'elle soit qui établirait, ou simplement impliquerait [...] pour les entreprises des obligations contraignantes en matière d'environnement ou de travail [39]. »

Et voilà ! Cela devait arriver. À force de toujours chercher à en savoir plus, j'avais fini par oublier l'heure. Accablé par toutes ces révélations, je n'avais même pas entendu la cloche de l'école sonner et maintenant la porte d'entrée venait de s'ouvrir. Clotilde m'appelait.

– Tu es encore devant ton ordinateur ? Ne te dérange pas, je prépare le repas.

---

38. Déclaration de Renato Ruggiero, Directeur Général de l'O.M.C. (rapportée par Lori M. Wallach dans « Le nouveau manifeste du capitalisme mondia » *Le Monde diplomatique*, 2 février 1998).

39. Lettre du président de l'USCIB (Chambre américaine du commerce international) adressée le 21 mars 1997 à de hauts fonctionnaires américains. (Cité dans *Ami, Attention un accord peut en cacher un autre*, Ed. Centre Europe, Tiers Monde).

Elle prépare le repas ! Mais avec quoi ? Depuis la cuisine me parvenait le bruit des portes de placard s'ouvrant et se refermant. Je ne pus me retenir de sourire. Maintenant le pas léger de Clotilde venait vers moi.

– On se retrouve demain, dis-je à mon correspondant en guise d'au revoir.

– Que s'est-il passé avec les provisions ? me demanda doucement Clotilde dont le parfum me disait qu'elle se tenait maintenant tout près de moi.

– Margarine hydrogénée et Aspartam, répondis-je, on ne se méfie jamais assez de ce que l'on mange. Si j'étais resté statisticien, on serait peut-être déjà mort à l'heure qu'il est.

– Si j'avais pensé que tu risquais de rester statisticien, je ne t'aurais certainement jamais épousé.

Je venais d'éteindre l'ordinateur. Je me retournai un peu vivement.

– Tu savais que j'allais me retrouver au chômage ?

– Chômage ou pas, je savais que tu ne tarderais pas à changer de métier. Je ne ferme pas tout le temps les yeux, tu sais, quand j'écoute des lieds de Strauss. Ça faisait un moment ce jour-là que je t'observais. Tu dessinais peut-être des graphiques mais, vu du dehors, tu avais plus l'air d'écrire des poèmes que d'aligner des chiffres. Même si ton cerveau s'occupait encore de choses futiles, tes mains, elles, te trahissaient déjà.

– Tu me regardais ? Mais alors, l'accrochage ?

– Qu'est-ce que tu veux dire ? Que j'aurais pu t'éviter ? Mais je n'avais pas la moindre envie de t'éviter.

Il arrive un moment où à force de se rapprocher, parler devient difficile.

– Pour manger… ? soufflai-je au moment où les lèvres de Clotilde se posaient sur les miennes.

– J'ai une idée, dit-elle on va proposer à Max et aux autres de cultiver un potager en commun. On pourrait aussi élever des poules et des cochons.

– Mais, pour midi ?

Cette fois on avait vraiment du mal à se comprendre. Ce n'était pas seulement d'avoir les bouches collées l'une à l'autre mais aussi parce que l'émotion déclenche chez moi de violents tremblements. Et là j'étais vraiment ému.

– Tu as si faim que ça ? me souffla Clotilde à même la bouche. Moi l'amour, ça me rassasie.

5
LES NOUVEAUX MAÎTRES DU MONDE

« Dans le cabaret de la globalisation, l'État se livre à un strip-tease au terme duquel il ne conserve que le strict minimum indispensable : sa force de répression. Sa base matérielle détruite, sa souveraineté et son indépendance annulées, sa classe politique effacée, l'État-nation devient un simple appareil de sécurité au service des méga-entreprises. Au lieu d'orienter l'investissement public vers la dépense sociale, il préfère améliorer les équipements qui lui permettent de contrôler plus efficacement la société[40]. »

Sous-commandant Marcos

Sous ses airs tendres, Clotilde est la personne la plus décidée que je connaisse. Voilà quelqu'un qui peut sauter un repas pour convenances personnelles mais qui n'est certainement pas prêt à se laisser distraire de son objectif une fois celui-ci fixé. Le soir même, elle m'informa qu'elle était passée voir Max et Laurence et que ceux-ci lui avaient fait remarquer que, tant qu'à se mettre à plusieurs pour cultiver un potager, ce serait plus sympa d'inviter tout le village à participer.

– Qu'est-ce que tu en penses ? On n'est quand même pas si nombreux qu'on ne puisse y arriver.

– Combien ? demanda l'ex-statisticien.

– À vue de nez, se lança la mélomane, j'ai dix-huit élèves dans mon école, dont trois fois deux frères et

40. « La quatrième guerre mondiale a commencé », *Le Monde diplomatique*, 08/97.

sœurs, étant entendu que les grands vont au collège ou au lycée dans la vallée et qu'il doit bien y avoir quelques célibataires, couples sans enfants et retraités, je dirais… moins de cent foyers.

– À ce compte, dis-je, on devrait se retrouver avec une dizaine de personnes intéressées.

– On sera plus, affirma en toute irrationalité mon épouse.

Je souris sans répondre. Je possédais encore sur le bout du doigt les méthodes de projection utilisées en matière de statistiques prévisionnelles.

Dès le lendemain Max alla trouver le maire, Clotilde, elle, fit écrire à ses élèves un mot dans leurs cahiers à l'intention de leurs parents et Laurence placarda les murs d'affichettes. Une réunion publique se tiendrait dès le surlendemain dans la salle annexe du café. Pour des gens censés faire passer le goût de la vie avant celui de l'action, je les trouvais drôlement efficaces quand ils se décidaient à se mettre à l'ouvrage.

En attendant je n'avais plus qu'à retourner voir mon ordinateur. Il n'y avait pas de message dans ma boîte électronique : mon correspondant devait être en train de récupérer des efforts de la veille. Je fis un tour sur le site de dialogue qui dormait lui aussi doucement dans une pâle lueur bleutée. Les traces de notre dernière conversation avaient été effacées. Je décidai alors d'aller me promener tout seul à travers le monde en quête d'informations. J'avais envie d'en savoir un peu plus sur ces gens qui s'arrogent le droit d'écrire la Constitution d'une économie mondiale unifiée sans même en référer à quiconque. Je choisis le mot-clef *Transnationales*. Quand la page s'afficha, elle proposait tellement de sites à visiter que mon premier réflexe fut de renoncer et d'aller plutôt lire un roman du côté du torrent. Ma conscience professionnelle, dopée par ma curiosité, finit pourtant par reprendre le dessus ; décidant de faire confiance à mes capacités poétiques – puisque j'étais censé en avoir – je cliquai sur une adresse au hasard. Dès la lecture du premier titre je compris que mon intuition m'avait totalement fourvoyé.

Ça profite aux consommateurs

Pas une semaine désormais où les médias ne s'extasient sur les fusions, rachats et autres OPA[41] dans les secteurs de l'automobile, du pétrole, de la pharmacie, de la banque, des télécommunications… Et toujours cette même phrase sur les lèvres de nos grands journalistes : « Ça profite au consommateur ». Chaque fois que je l'entends je me demande quel bras je vais devoir me couper : le droit ou le gauche ? Et c'est pour moi qui aime autant mes deux bras un véritable supplice. Avec le droit je travaille. À la fin du mois, aussitôt ma paye empochée, je vais faire mes courses ; pour changer un peu, je paye alors avec ma main gauche. Et c'est vrai qu'elle est très heureuse ma main gauche : tout est de moins en moins cher. Pas forcément meilleur, mais en tout cas moins cher. Ça veut dire qu'on doit bien réaliser des économies quelque part. Finalement je me dis que les journalistes ont raison : ça profite aux consommateurs. Pourtant la plupart des commerçants se plaignent d'une diminution du nombre de leurs clients. Il paraît que c'est même pour cela qu'ils se

41. Offre publique d'achat : opération par laquelle un groupe prend le contrôle d'un autre en achetant ses actions en Bourse.

regroupent : comme il y a de moins en moins de clients à se partager, les commerçants se mettent à plusieurs pour devenir très gros et très forts. Alors ils peuvent dévorer leurs concurrents. Chaque fois qu'un commerçant en dévore un autre, il devient encore plus gros et plus fort. Un autre avantage réside dans ce que l'on appelle les économies d'échelle : plus on devient gros, moins on a besoin proportionnellement de salariés. Aujourd'hui les deux cent premières entreprises de la planète réalisent à elles seules un quart de l'activité économique mondiale et emploient moins de un pour cent des salariés (0,75 % exactement !). Prenons l'exemple de Novartis, numéro un de l'agrochimie, né en 1996 de la fusion entre Sandoz et Ciba-Geigy, la plus grande opération du genre à l'époque dans l'histoire des transnationales. « En commissions et honoraires légaux, elle a rapporté quelque quatre-vingt-quinze millions de dollars [...] Du jour au lendemain la capitalisation de Novartis a grimpé de soixante-trois milliards de dollars à quatre-vingt-deux milliards. [...] La médaille a toutefois son revers : la naissance de Novartis a entraîné de massives liquidations d'emplois, promptement réalisées au nom des habituelles « économies de coût » et « restructurations ». Du coup les actions des deux sociétés ont connu des hausses sans précédent. [...] La misère peut continuer à progresser, l'opération n'en est pas moins présentée dans les milieux de la finance comme une victoire du rationalisme du marché[42]. » Et par les journalistes comme éminemment profitable à mon bras gauche. Mais pour le coup c'est le droit qui commence à me faire sérieusement souffrir. Je me demande si à force d'accorder autant d'attention à celui de mes deux bras qui paye et pas assez à

42. « Ces deux cent sociétés qui contrôlent le monde », Frédéric F. Clairmont, *Le Monde diplomatique*, 04/97.

celui qui travaille, je ne vais pas finir par le perdre. Mais alors que deviendra le gauche qui ne recevra plus d'argent pour faire les courses ? Est-ce qu'il ne risque pas de dépérir à son tour ? Bien sûr je me dis que si je me retrouve au chômage je pourrais toujours devenir grand journaliste à la télévision, après tout ça n'a pas l'air si difficile : s'ils répètent tous la même chose c'est certainement que quelqu'un leur a appris la leçon. Peut-être même que tout est écrit sur un papier et qu'ils n'ont plus qu'à le lire. Mais je ne me fais pas trop d'illusion quand même, j'ai l'air de plaisanter, mais au fond je sais bien que c'est très difficile de devenir journaliste à la télévision. Pour quelqu'un comme moi qui n'y connaît personne, c'est même tout simplement impossible.

Pour rester un peu dans le secteur de l'agrochimie [43], juste derrière Novartis on trouve Monsanto puis Zeneca, AgroEvo, DuPont, ... (Monsanto ! Mais c'était mon empoisonneur à l'Aspartam. Pour le coup je révisai mon jugement sur la soi-disant inefficacité de mon intuition poétique). Grâce à toute une série d'alliances et de rachats, ces quelques firmes occupent désormais une position dominante dans l'industrie des biotechnologies. Leur projet ? Le contrôle de la production alimentaire mondiale grâce aux OGM (Organismes génétiquement modifiés). Que cette conquête se fasse au prix de la mise au chômage de millions d'agriculteurs, de graves menaces sur l'environnement, d'incertitudes sur la santé des consommateurs et d'une concentration accrue de l'agriculture dans les pays industrialisés et donc d'un

43. Sources : « La dictature alimentaire », *Courrier international* n° 381 et « Faut-il avoir peur des aliments transgéniques ? » D. Benoît Browaeys et P.-H. Gouyon – *Le Monde diplomatique*, 05/98.

accroissement de la pauvreté dans les pays du Sud, n'est certes pas un sujet de préoccupation à leurs yeux. Halte-là ! direz-vous. Les pouvoirs publics ne laisseront jamais faire une chose pareille ? Bien sûr que si. « Face à la volonté de fer de l'industrie agroalimentaire, les pouvoirs publics sont trop faibles pour défendre les droits des consommateurs encore plus faibles qu'eux[44]. » « Le train s'est ébranlé, se contente d'énoncer un économiste de l'ONU, il n'y a pratiquement plus moyen de l'arrêter à présent[45]. »

Les cultures génétiques couvrent déjà trente-deux millions d'hectares aux États-Unis, soit près de trente fois plus qu'en 1995. Près du quart du soja utilisé dans les aliments industriels est désormais issu de graines génétiquement modifiées. Or soixante pour cent des aliments industriels commercialisés dans le monde contiennent du soja ! Et ce n'est pas fini, pendant qu'aux États-Unis les grandes firmes arrosent les partis politiques et les parlementaires chargés de la réglementation à coups de millions de dollars, leurs représentants font pression sur Codex Alimentarius, l'organisme de l'ONU responsable de la normalisation en matière alimentaire, en vue de faire interdire l'étiquetage des aliments génétiquement modifiés. S'ils arrivent à leurs fins, l'OMC traitera cette décision comme une norme internationale. (Tiens, revoilà l'OMC). Tout pays où les détaillants étiquetteraient les aliments génétiquement modifiés pourrait alors encourir des sanctions ! En France, alors que la majorité des consommateurs est hostile à la commercialisation des OGM, le gouvernement de Lionel Jospin vient d'autori-

44. *Die Weltwoche*. Cité par *Courrier international* n° 381.
45. Idem ci-dessus.

ser la mise en culture d'une variété de maïs manipulé.

Pour tenter de nous amadouer et de nous faire croire à leur philanthropisme, les représentants du complexe génético-industriel n'hésitent pas à nous chanter des couplets aussi éculés que la lutte contre la famine dans le monde ou la suppression des produits phytosanitaires polluants. Est-ce vraiment le but poursuivi par la Delta and Pine Land C° (inutile de retenir son nom, elle a été rachetée depuis par Monsanto) quand elle dépose en mars 1998 le brevet Terminator ? La technique Terminator (ils ont vraiment osé l'appeler comme ça !) consiste à introduire un transgène tueur qui empêche le développement du germe du grain récolté et le rend donc stérile[46]. L'objectif : interdire à l'agriculteur de prélever une part de sa récolte pour semer l'année suivante, et l'obliger ainsi à racheter (cher) de nouvelles semences à Mosanto. Voilà certainement une belle façon d'éradiquer la faim dans le monde ! Quant à la suppression des produits polluants, il suffit de savoir que les acheteurs de semences transgéniques Monsanto sont tenus par contrat de ne traiter leurs cultures qu'avec l'herbicide de la marque : le glyphosate, lequel serait, selon le département de santé publique de l'université de Californie, la troisième cause de maladies liées aux pesticides parmi les agriculteurs.

Quand on aura dit que la plupart des avancées scientifiques dans le domaine de la génétique agricole sont le fruit de la recherche publique – les laboratoires privés n'intervenant qu'en bout de chaîne, au moment de la finalisation des brevets – on comprendra que le processus ici à l'œuvre n'est rien d'autre, une fois de plus, que

46. *Lire* « La menace du complexe génético-industriel », J.-P. Berlan et R.C. Lewontin, *Le Monde diplomatique*.

la captation par des intérêts privés du patrimoine collectif de l'humanité. « L'histoire de la génétique agricole, déclare Jean-Pierre Berlan, chercheur à l'INRA, consiste à déposséder l'humanité des facultés de reproduction et de multiplication du vivant pour la conférer aux investisseurs[47]. » Il nous reste à espérer que le pire ne soit encore à venir : les « fuites de gènes » – mises en évidence dans la culture du colza et de la betterave – pourraient, par contamination, mettre en péril à grande échelle, l'ordre de la nature.

Investisseurs ? Je devais me dépêcher de rejoindre mon correspondant si je voulais en apprendre un peu plus sur la Constitution d'une économie mondiale unifiée. Au moment de quitter le site je commis pourtant l'erreur de jeter un coup d'œil sur la page suivante. Je compris alors que je ne pourrais faire autrement que d'aller jusqu'au bout : l'auteur y parlait de Clotilde.

École à vendre[48]

« Nous allons vendre notre savoir-faire à l'étranger, et nous nous sommes fixés un objectif de deux milliards de chiffre d'affaires en trois ans. Je suis convaincu qu'il s'agit-là du grand marché du XXIe siècle[49]. » Qui parle ? Le patron

---

47. *Campagnes solidaires* n° 116, février 1998, cité dans *Faut-il avoir peur des aliments transgéniques ?* Opus, cité.

48. *Sources : Tableau noir, appel à la résistance contre la privatisation de l'enseignement.* Gérard de Sélys – EPO, Bruxelles ; *Le néo-libéralisme à l'assaut de l'école*, Fabrice Hervieu – Marianne du 11 au 17 janvier 1999.

49. « Claude Allègre se déchaîne dans la presse », *Marianne*, 11/17 janvier 1999.

d'une grande entreprise ? Non : Claude Allègre, ministre français de l'Éducation nationale.

Quand on met du sirop dans l'eau, l'eau prend la couleur du sirop ; quand la droite républicaine fait alliance avec le Front national elle se teinte en brun ; quand un service public use des méthodes et du langage des marchands, il a commencé à glisser sur la pente irréversible de sa privatisation, c'est à dire à disparaître en tant que service public et à livrer ses richesses à des commerçants avisés qui sauront eux, à défaut de satisfaire les besoins des usagers, en tirer des profits personnels. Un tel discours se tient généralement au nom de l'efficacité. De quelle efficacité s'agit-il et à qui profite-t-elle ?

Voilà plusieurs années déjà qu'aux États-Unis, les marchands de fast-food et de « boissons qui tuent » ont ouvert à coups de forceps l'école aux intérêts de maître Marché. Le pays le plus riche de la planète a divisé par deux ces dernières années son budget de l'Éducation tandis qu'il doublait celui des prisons : un « maton » y gagne plus (cinquante mille francs français en moyenne par mois) qu'un maître de conférences à l'université. Le monde de l'entreprise n'a guère perdu de temps avant de s'engouffrer dans la brèche. C'est ainsi que du matériel vidéo est désormais offert aux écoles devenues nécessiteuses suite au désinvestissement de l'État. En contrepartie de cette belle opération de mécénat industriel, les élèves sont astreints – sous peine de punition – à regarder les programmes concoctés exprès pour eux à base de dessins animés et, pour moitié environ, de publicité. Horreur ! s'écrieront en cœur les disciples de Jules Ferry : l'école comme antichambre du supermarché ? Pas de ça chez nous. Déclaration de pur principe en vérité : douze mille mallettes « En route pour l'euro », réalisées par les centres Leclerc, ont déjà été distribuées dans les écoles françaises, plus de trente mille enfants ont fait l'objet d'un dépistage dentaire grâce au camion Signal et des centaines de représentations du clown Ronald McDonald y ont été données.

Et ce n'est là que le premier coup de burin destiné à forcer le coffre-fort. Cinq mille huit cent milliards de francs, tel est le montant des dépenses annuelles affecté à l'enseignement par les pays membres de l'OCDE (l'Organisation de Coopération et de Développement Économique : club des vingt-neuf nations les plus riches de la planète). De quoi attirer bien des convoitises. De quoi aussi susciter l'inquiétude chez les tenants d'un système éducatif public et égalitaire, lorsque messieurs Jospin et Allègre reçoivent en grandes pompes le PDG de Microsoft, quand on sait que la privatisation programmée de l'Éducation publique passe par l'enseignement à distance via les réseaux informatiques. « Il s'agit d'abord d'appauvrir l'enseignement public aux niveaux secondaire et supérieur pour que les familles se tournent vers le privé, nous explique Gérard de Sélys. En même temps, il faut poursuivre le financement des cyberclasses dans le primaire et préparer ainsi les enfants à ce futur marché. Deuxième étape, on permet le lancement de didacticiels et de sites d'enseignements payants sur Internet. [...] Enfin, on crée une carte de compétence créditée par l'entreprise, qui sert de passeport pour l'emploi et permet de se passer de diplôme[50]. »

Les représentants de l'ERT (la Table ronde européenne des industriels), puissant groupe de pression patronal auprès de la Commission européenne, n'ont pas attendu

50. *Tableau noir...* opus cité.

la venue de Bill Gates à Paris pour déclarer que « l'éducation et la formation [...] sont considérées comme des investissements stratégiques vitaux pour la réussite future de l'entreprise », allant même jusqu'à déplorer de la part des enseignants « une compréhension insuffisante de l'environnement économique, des affaires et de la notion de profit[51]. » Les cadres de la grande distribution intervenant de plus en plus souvent désormais dans les formations des principaux et des proviseurs, on se dit qu'une telle aberration de la part du corps enseignant ne devrait pas tarder à disparaître.

Dans le cas de l'enseignement à distance, les enjeux stratégiques dont font état les représentants de l'industrie, se situent au vrai à deux niveaux. Profit immédiat d'une part, grâce à l'accroissement du volume des communications téléphoniques, à la vente de matériels informatiques et à la commercialisation et l'exploitation des didacticiels. Investissement à plus long terme d'autre part, en favorisant « une meilleur adéquation de l'enseignement aux exigences de l'industrie, une préparation au télétravail, une réduction des coûts de formation en entreprise et une atomisation des étudiants et des enseignants, dont les éventuelles turbulences sont toujours redoutées[52]. »

La question qu'un esprit chagrin pourrait ici se poser serait bien sûr de savoir si c'est à la société de se mettre au service de l'entreprise ou l'inverse. Et s'il est bien du ressort de la collectivité de financer un système éducatif dont

51.Rapport *Éducation et compétence en Europe.* Cité par G. de Sélys « L'École, grand marché du XXIe siècle. », *Le Monde diplomatique*, 06/98.

52. Idem.

le but ne serait plus de former des citoyens mais des employés taillés sur mesure et prêts à servir. Pour les industriels regroupés au sein de l'ERT, la réponse présente au moins le mérite de la clarté : « La responsabilité de la formation doit, en définitive, être assumée par l'industrie. [...] Le monde de l'éducation semble ne pas bien percevoir le profil des collaborateurs nécessaires à l'industrie. [...] L'éducation doit être considérée comme un service rendu [...] au monde économique [...] Nous n'avons pas de temps à perdre[53]. »

Et les pouvoirs publics ? Les pouvoirs publics sont invités pour leur part à se concentrer sur la tâche qui leur est explicitement assignée par les experts de l'OCDE : « Assurer l'accès à l'apprentissage de ceux qui ne constitueront jamais un marché rentable et dont l'exclusion de la société s'accentuera à mesure que d'autres vont continuer de progresser[54]. » Finalement les Américains ont raison, tant qu'à gérer des phénomènes d'exclusion, il n'est peut-être pas utile de perdre trop de temps à dispenser un enseignement long et coûteux, surtout pour des gens qui finiront inévitablement par se retrouver au chômage. Mieux vaut investir directement dans les prisons.

Marché rentable, profil nécessaire à l'industrie, service rendu au monde économique..., je me demandais quel avenir se préparait une société qui parlait en ces termes de ses propres enfants ? Je pensais au projet de Claude Allègre visant à réduire le nombre d'heures de

53. *Une éducation européenne, vers une société qui apprend.* ERT 02/95. Cité par G. de Sélys, opus cité.

54. *« Adult learning and Technology »* dans OCDE Countries, 1996. Cité par F. Hervieu, *Marianne,* 01/99.

philo en terminale pour les remplacer par des cours d'éducation civique. Il est vrai que lorsque l'éducation consiste à façonner des « profils nécessaires », il est certainement plus « rentable » de leur apprendre à obéir plutôt qu'à réfléchir. Je songeai à l'exercice périlleux d'un enseignant d'éducation civique chargé d'expliquer à ses élèves comment, dans les toutes dernières années du XXe siècle, en France, le président de la République avait apporté son soutien au président du Conseil constitutionnel quand celui-ci avait été mis en examen pour « abus de bien sociaux », puis comment, quelques mois plus tard, le second était venu à son tour au secours du premier, le déclarant « irresponsable », c'est à dire ne pouvant être traduit devant les tribunaux suite à des faits le mettant potentiellement en cause pour « prise illégale d'intérêts » du temps où il était maire de Paris et président du RPR. Puis l'enseignant devra tenter d'expliquer à ses élèves pourquoi le peuple de France, si épris de civisme qu'il va jusqu'à l'enseigner à ses enfants dans les écoles, n'était pas descendu dans la rue pour crier son indignation.

Je jetai un coup d'œil par la fenêtre, la cour était déserte. J'entendais les enfants qui chantaient dans la classe. Et aussi la voix de Clotilde qui accompagnait celle des enfants. Je me dis qu'aimer un être comme Clotilde était la plus belle chance que la vie m'ait offerte. J'espérais juste que c'était une chance qui me serait conservée longtemps encore. Je ne pus croiser les doigts car j'étais en train de taper sur mon clavier l'adresse du site de dialogue. Tandis que la page d'accueil s'affichait, je me demandais si les enfants auraient encore le droit de chanter à l'école quand Bill Gates et ses amis auraient fini de mettre la main dessus. Chanter, est-ce une activité rentable pour des gens qui n'ont pas de temps à perdre ? Chanter de la publicité peut-être.

Le site était désert. Il y avait juste un mot par lequel mon correspondant me fixait un rendez-vous pour le surlendemain et, dessous, cette phrase : « Les nouveaux maîtres du monde n'ont pas besoin de gouverner directement, les gouvernements nationaux se chargent d'administrer les affaires pour leur compte[55]. »

55. Sous-commandant Marcos, opus cité.

6

LA PAROLE SOUS LES ARBRES

« Nous vivons précisément à l'époque de la « Métamorphose des Dieux », c'est-à-dire de la métamorphose des principes et des symboles de base. Cette tâche, ces aspirations de notre temps, qui peuvent sembler écrasantes, et qu'en vérité nous n'avons pas choisi nous-mêmes consciemment, constituent l'expression de la métamorphose intérieure qui se produit dans l'homme inconscient[56]. »

C.G. Jung

Dix personnes ? Clotilde eut l'extrême élégance de ne pas me lancer un sourire narquois. Au vrai, je ne sais même pas combien de gens avaient répondu à l'invitation. Plus de cent certainement. En tout cas plus que la grande salle du café ne pouvait en contenir. Par bonheur, le temps était radieux, chacun prit une chaise d'une main et, qui un café, qui une bière, qui un sirop dans l'autre, partit s'installer en rond sur la grande place où les platanes commençaient à pousser leurs feuilles. Max monta sur sa chaise et expliqua le projet. Très vite il apparut, un, que les participants débordaient largement le cadre du village : nombreux étaient venus pour l'occasion depuis le bas de la vallée ; deux, que la raison de leur présence dépassait le simple projet du jardin potager. Quand quelqu'un voulait prendre la parole, il imitait Max : il montait sur sa chaise et alors tout le monde l'écoutait. On est d'accord avec ce que

56. *Présent et Avenir*, Buchet-Chastel.

vous proposez, dit une femme et on vous est reconnaissant d'avoir pris l'initiative parce qu'on est certainement plus d'un présent ici à y avoir pensé depuis pas mal de temps, mais tout seul dans son coin on peut rien faire, et sauter le pas pour en parler aux autres c'est pas facile de nos jours. Alors merci et on marche avec vous. Les gens applaudirent. Je dirai comme madame, se lança à son tour un homme âgé coiffé d'une casquette, moi je suis agriculteur à la retraite et s'il y a des jeunes qui veulent apprendre, ils peuvent compter sur moi. Je m'étonne de ne pas voir le maire, s'étonna quelqu'un. Le jardin potager c'est bien pour commencer, dit une jeune fille à l'allure nerveuse mais nous devons prendre conscience que nous sommes en train de poser un acte politique fort, si nous voulons être en accord avec nous-mêmes c'est un véritable conseil de village que nous devons créer. Là il y eut quelques brouhahas. Quelqu'un dans la foule dit : elle veut faire un conseil de village ? Elle n'est même pas du village celle-là. Tu la connais toi ? Je crois que c'est la fille à Robert, celle qu'est partie faire ses études à Paris. Mon dieu je l'avais pas reconnue, petite elle était toute ronde. Il y a la mairie pour ça, dit quelqu'un. Alors à nouveau la même personne s'étonna de l'absence du maire. Puis ce fut au tour de Fine de hisser ses cent kilos sur sa chaise. Je ne sais pas si je fais bien de monter sur la chaise, commença Fine, je voudrais pas qu'on termine la journée par un accident, surtout si c'est le mien. Il y eut des rires et des encouragements. Tiens bon Fine, cria quelqu'un. Écartez-vous, lança un autre, si jamais elle tombe ça peut devenir dangereux. Voilà, dit Fine, si j'ai bien compris, tout ça ce serait à cause de moi, parce que d'après monsieur Max, remarquez je l'appelle monsieur Max mais la première fois que je l'ai tenu dans mes bras il m'a pissé dessus (d'autres rires et applaudissements), je vends des produits qui seraient pas bon pour la santé. Alors moi je voudrais vous dire que ces produits c'est pas moi qui les fabrique et que si je les achète c'est parce qu'ils sont pas chers et que vous justement, vous m'achetez toujours les produits les moins chers. Et maintenant si vous faites pousser vos propres légumes, il me reste qu'à mettre la clef sous la porte et alors j'empoisonnerai plus jamais personne avec mes marchandises. Et quand elle descendit de sa chaise personne n'avait plus envie de rire parce que c'était bien la première fois qu'on voyait Fine s'écraser une larme sur la joue. C'est à cause de la mondialisation, cria un jeune homme à la coiffure rasta qui n'était assurément le fils de personne du village, tout ça c'est des histoires de gros sous et c'est toujours les petits qui trinquent. Monte sur ta chaise, cria une voix dans la foule, on te voit pas. Fine on peut pas la compter dans les petits, lança un autre. Et l'atmosphère fut à nouveau détendue, même Fine retrouva le sourire.

Ainsi racontée, elle n'a pas l'air très sérieuse cette réunion de tous ces gens sous les arbres. Si d'aventure quelqu'un de la Banque mondiale passait par là, sans doute se marrerait-il un bon coup à la vue de tous ces braves gens s'essayant à jouer au grand jeu de la démocratie, quand les décisions qui les concernent sont prises à des milliers de kilomètres de là sans qu'il vienne jamais à quiconque l'idée de leur demander leur avis. Voire. On peut être surpris parfois des bouleversements dans le cours du monde pouvant naître de simples paroles échangées un jour sous des arbres. Il existe des précédents.

Moi je trouvais qu'elle ressemblait à Max cette réunion : elle était joyeusement grave. Certains s'absentaient pour aller remplir leur verre au bar puis revenaient s'asseoir. Peu à peu plusieurs petits groupes de travail furent créés. L'un devait se mettre en quête d'un terrain cultivable ; une délégation irait rencontrer le maire dans la semaine pour demander que la parcelle soit acquise par la commune ; une équipe fut chargée de réfléchir avec Fine sur la place que pourrait occuper l'épicerie dans le nouveau dispositif et l'aider à trouver des produits moins nocifs. L'occupant d'une résidence secondaire parla d'une association, Artisans du monde [57], qui pratiquait le commerce équitable avec les pays du Sud et dont l'objectif était de garantir des conditions de travail et de rémunération décentes aux producteurs. Les aliments distribués par Artisans du monde, exposa-t-il, présentent l'avantage d'être essentiellement issus de l'agriculture biologique. À qualité égale ils ne sont pas plus chers, mais ils représentent bien sûr un surcoût par rapport aux produits bas de gamme de la grande distribution. Quelqu'un cria alors, sans monter sur sa chaise, qu'au village on n'avait pas de grande distribution mais seulement une grosse. Une fois les rires éteints, Laurence proposa que l'on vende une part de la récolte et qu'avec les bénéfices on constitue un fond de réserves qui servirait à payer le surplus des produits que l'on ferait venir dans le cadre du commerce équitable : ainsi chacun pourrait les obtenir à un prix plus abordable. Un personne protesta alors en disant qu'avec ce système, qui était comme une sorte de subvention, ceux qui avaient le plus de moyens seraient gagnants vu qu'ils pourraient acheter plus de produits que les autres, sans parler que si on les mettait en vente à l'épicerie à ce prix, tout le monde en profiterait sans avoir eu besoin de participer.

---

57. Voir en fin d'ouvrage.

Ce que je trouvais de particulièrement enrichissant dans ce genre de débat, c'est que quelqu'un finissait toujours par mettre le doigt sur une chose à laquelle personne n'avait pensé l'instant d'avant. Du coup je montai pour la première fois sur ma chaise pour dire qu'en ce qui me concernait je n'avais pas envie de cultiver la terre pour le compte de randonneurs rose fluo. Ce n'est pas important, intervint Clotilde, puisqu'au bout du compte les gagnants seront les petits producteurs en Afrique. Et puis en échange, proposa Max, on demandera à Fine de faire de la pédagogie et de leur expliquer qu'ils ne doivent pas jeter les emballages vides sur le chemin. Vu comme ça l'idée me plaisait assez. On décida quand même de former un groupe chargé de réfléchir au problème économique. Puis Clotilde reprit la parole pour demander au cultivateur à la retraite s'il pourrait l'aider à créer une classe agricole. Il était tellement ému qu'il eut du mal à accepter. Enfin une femme de la vallée parla d'un plan d'eau près de chez elle où elle aimerait installer une ferme piscicole et qu'ainsi ceux d'en bas pourraient procéder à des échanges avec le village et aussi participer au fond de réserves. De toutes façons, je suis au chômage, dit la femme, je risque rien de me lancer dans l'aventure, c'est juste que seule je n'en trouve pas la force. Alors il se passa une chose extraordinaire, il y avait des gens qui connaissaient cette femme depuis des années pour la voir à la sortie de l'école où elle venait chercher ses enfants et qui lui dirent qu'ils ne savaient pas qu'elle était au chômage. Et ils lui demandèrent comment elle faisait pour s'en sortir et on sentait qu'ils auraient voulu s'excuser de n'avoir pas su qu'elle se trouvait dans cette situation. Je me débrouille, répondit timidement la femme. Moi, je n'ai pas beaucoup de temps, dit un homme mais j'ai un petit capital, et puis le plan d'eau dont vous parlez je le connais depuis tout môme et je trouve que c'est une bonne idée que vous avez-là, seulement bien sûr il faudra respecter l'environnement. Je regardais cette femme debout sur sa chaise qui pleurait sans bruit ; seul son visage baignait dans la lumière parce que le soleil était en train de disparaître derrière la montagne. C'est fou comme des fois le temps pouvait se mettre à passer vite.

D'un coup il fit sombre et frais. Max proposa une nouvelle réunion pour la semaine suivante et la foule se dispersa. D'un groupe à l'autre des invitations à manger s'échangeaient.

– Si on allait dormir à la belle étoile ? proposa Clotilde en glissant son bras sous le mien.

– Il risque de faire froid, remarquai-je.

– On a de bons duvets, j'aimerais regarder un peu le ciel cette nuit.

Je connaissais une cuvette abritée pas très loin de la maison. Si jamais il y avait trop d'humidité, on serait toujours à temps de rentrer.

Deux heures plus tard la nuit était tout à fait tombée. Notre casse-croûte terminé, j'avais étendu une couverture de survie sur l'herbe et nous nous étions glissés dans nos duvets. Nous nous tenions par la main. Nous regardions le ciel avec toutes ces étoiles qu'on aurait dit immobiles.

– Je pense à cette femme, dit Clotilde, seule, au chômage avec deux enfants, et ses voisins qui ne le savaient même pas.

– C'est parce qu'on ne se parle plus assez, dis-je.

– C'est extraordinaire quand même, dit Clotilde, on n'est pourtant pas à Paris.

– Je crois que ça n'a rien à voir avec vivre à Paris ou à la campagne, dis-je, c'est quelque chose qui nous est tombé dessus sans que nous nous en rendions compte. Tu te rappelles dans le film de Théo Angelopoulos, *Le Regard d'Ulysse* ? « On s'est doucement endormis dans un monde et réveillés en sursaut dans un autre ».

– Oui, dit Clotilde, tu as raison, c'est quelque chose que nous n'avons pas vu venir. C'est arrivé par petits bouts et soudain on a ouvert les yeux et c'était là, partout.

– On a désappris à vivre ensemble, dis-je. Nous avons eu tellement de choses à nous que nous avons cru que nous n'avions plus besoin des autres.

– Et comme nous avons cru que nous n'avions plus besoin des autres, nous ne nous sommes plus vraiment occupés de savoir ce qu'ils devenaient.

– Ni de nos voisins, ni de ceux de l'autre bout du monde.

– Et soudain c'est comme si quelqu'un avait tiré la couverture d'un coup. Maintenant on est bien obligé de voir clair. Quand je pense à cette femme au chômage…

– Ce qu'il faudrait c'est qu'elle rencontre quelqu'un, dis-je.

Je sentis la main de Clotilde se crisper dans la mienne.

– Qu'est-ce que tu veux dire ? demanda-t-elle.

– Rien, hésitai-je. Tu trouves que c'est bien toi de vivre seule avec deux enfants ?

– Je ne vois pas ce que cela a à voir avec le chômage. Ce qu'il lui faut à cette femme c'est qu'elle trouve un travail. Ses affaires de cœur, cela ne nous regarde pas.

Elle avait brusquement retiré sa main. Je percevais à sa

voix qu'elle s'énervait. J'étais complètement désemparé. Nous ne nous étions encore jamais disputés.

– Je ne comprends pas ce qu'il t'arrive, dis-je.

– Est-ce que tu aurais dit ça pour un homme ? Je veux savoir si tu aurais dit la même chose pour un homme seul et au chômage : ce qui serait bien c'est qu'il rencontre quelqu'un ? Est-ce que tu n'aurais pas dit plutôt : ce qui serait bien c'est qu'il retrouve un travail ? Pourquoi une femme devrait être condamnée à régler sa vie affective sur sa vie économique ?

– Ne t'énerve pas, dis-je, je ne pouvais pas savoir.

– Qu'est-ce que tu ne pouvais pas savoir ?

– Que ça te ferait de la peine que je dise une chose pareille.

– Mais tu es imbécile ou quoi ? Ça n'a rien à voir avec de la peine. Ça n'a même rien à voir avec mes sentiments. C'est un problème de fond des sociétés humaines. Sous couvert de répartition des tâches, la plupart se sont organisées sur des rapports de domination. L'homme est fort, c'est donc lui qui part à la chasse ou à la guerre pendant que la femme reste dans la grotte avec les gamins et cueille les baies alentour. Belle image, un peu écornée quand même quand on sait que dans les pays pauvres une femme porte en moyenne huit fois plus de charges que les hommes et qu'elle marche près de cinq fois plus pour se rendre au marché, au champ, ramasser le bois et aller chercher de l'eau : entre six à huit heures par jour, si tu veux savoir[58]. Et quand elle est

---

58. En Tanzanie les femmes valides portent en moyenne 86 tonnes-kilomètres par an contre 11 pour les hommes. Elles consacrent 1 842 heures par an à marcher (pour aller aux champs, au marché ou chercher de l'eau) contre 492 heures seulement pour les hommes. Source : *PNUD 98*, opus cité.

bien fatiguée, son compagnon, comme on dit, en profite pour lui taper dessus. Est-ce que tu sais que la moitié des femmes qui vivent dans le plus grand bidonville de Bangkok sont régulièrement battues par leur mari, qu'à Santiago du Chili, quatre-vingt pour cent des femmes se plaignent de violence dans leur foyer ?

Alors je dis quelque chose que je n'aurais certainement pas dû dire.

– Je ne savais pas que tu étais féministe, dis-je.

Je crus que la montagne allait exploser. Je ne l'avais encore jamais vu en colère ? J'allais être servi. Je ne pourrais pas répéter ici les noms dont elle me traita. Je ne savais même pas qu'elle connaissait des noms pareils. Même moi je ne les connaissais pas tous. Je ne savais plus quoi faire, je me disais qu'on devait l'entendre hurler jusqu'au village, j'essayai de la prendre dans mes bras pour la calmer.

– Mais arrête, merde ! Tu comprends vraiment rien ou quoi ? Je ne veux pas que tu me prennes dans tes bras. Je ne veux pas que tu mêles le moindre petit bout de sentiment à cette histoire. Je veux simplement que tu t'expliques sur ce que tu as dit. Que tu me parles comme un homme à une femme. Que tu m'expliques pourquoi tu as dit qu'une femme au chômage ne devrait pas chercher du travail mais un homme pour vivre avec.

– Je n'ai pas dit ça, m'énervai-je à mon tour. Et je voudrais savoir pourquoi tu te mets dans cet état, on peut discuter, non ?

– On peut discuter ? Mais c'est extraordinaire ! Quelle chance vraiment de pouvoir discuter. Pour une fois qu'un homme discute avec une femme plutôt que de lui taper dessus, je serais la dernière des idiotes de ne pas en profiter. OK, de quoi est-ce que tu veux discuter ? De la petite fille de dix ans à qui les Talibans ont coupé les doigts parce qu'elle s'était peint les ongles ? Non ? Tu ne veux pas discuter de l'Afghanistan. De l'Amérique alors ? C'est un pays qui t'intéresse l'Amérique : le plus puissant et le plus riche du monde, qui bombarde l'Irak et la Serbie quand ça lui chante, donne des leçons de droits de l'homme à la Chine, renverse Mobutu et installe Kabila à la place. Est-ce que tu sais seulement qu'aux États-Unis, toutes les neuf secondes, une femme subit des violences conjugales ? Et la France ? Tu ne voudrais pas qu'on en parle un peu de la France ? Est-ce que tu as seulement idée que dans ton putain de pays civilisé, une femme est violée tous les quarts d'heure, qu'elle gagne trente pour cent de moins qu'un homme toutes professions confondues et qu'une salariée sur cinq est victime de harcèlement sexuel ? Est-ce que tu sais qu'elle n'a droit qu'à un siège sur dix à l'Assemblée nationale, soit moins que la moyenne mondiale, et un poste sur dix dans la recherche ?

– OK ! dis-je, je ne savais pas.

– Non, tu ne peux pas dire ça, c'est trop facile. (Je sentais pourtant à sa voix qu'elle se calmait, elle avait libéré sa grande colère). C'est trop facile de ne pas savoir. On n'a pas le droit de ne pas savoir…

– Excuse-moi, dis-je, tu as raison, ce sont des choses que tous les hommes devraient savoir.

Quand je la repris dans mes bras elle ne me repoussa pas. Elle me tournait le dos et je la serrai contre moi. Au bout d'un moment je sentis qu'elle commençait à se blottir.

– Je ne sais pas ce qui m'a pris, dit-elle, c'était plus fort que moi. Je ne savais pas que j'avais toute cette colère audedans de moi. Ça ne change rien à mes sentiments tu sais.

– Je l'avais compris, souris-je dans la nuit. N'empêche que ça fait un drôle d'effet.

Au bout d'un moment d'une lente respiration où je voyais sa buée monter dans l'air froid, elle dit :

– Ton truc sur lequel tu travailles en ce moment, la mondialisation, c'est un système qui repose sur un mode de pensée masculin. Si les femmes avaient eu en charge l'organisation des sociétés, elles n'auraient jamais enfanté d'un monde aussi barbare.

Pour le coup je trouvai qu'elle y allait un peu fort mais je me gardai bien de réagir, je me contentai de resserrer mes bras autour d'elle, je voulais lui signifier ainsi que moi, homme, je ne lui ferais jamais de mal à elle, femme, que je la protégerai contre la violence du monde.

– Ce n'est pas aussi simple, dit-elle en s'endormant, ce n'est pas une protection que j'attends de toi. Ce que j'attends, c'est que tu me reconnaisses.

Pendant un moment elle ne parla plus et je crus qu'elle s'était endormie, ce qui m'allait très bien car j'avais besoin de me retrouver un peu seul pour réfléchir. Elle attendait que je la reconnaisse ? Qu'est-ce qu'elle voulait dire par là ? Un sentiment étrange m'envahit alors : j'avais à la fois l'impression que l'être blotti dans mes bras – et dont je percevais les pulsations du corps à travers l'épaisseur molletonnée des duvets – m'était profondément familier et, dans le même temps, que je ne savais même pas qui il était. Mais son silence était trompeur, elle n'avait pas encore basculé totalement dans le sommeil, il lui restait encore quelque chose à me dire.

– En tout cas, essaye d'y réfléchir, parce qu'il est hors de question que tu me fasses un enfant dans ces conditions.

Je crois que je n'étais pas encore assez poète à cette heure pour entendre la demande qu'elle me faisait. Son corps avait trouvé sa place contre le mien. Elle ne bougeait plus.

7

DU DROIT DES PEUPLES AU DROIT DES INVESTISSEURS

« C'est à un véritable changement de civilisation que ce traité nous conduit. Nous passons des droits des peuples à disposer d'eux-mêmes au droit des investisseurs à disposer des peuples[59]*. »*

Communiqué de la SRF

Le lendemain matin je me retrouvai devant mon ordinateur plus tôt qu'à l'accoutumée. Le froid nous avait réveillés avant le jour. Nous étions toujours dans la même position depuis la veille et le même petit nuage s'exhalait des lèvres de Clotilde. Je l'avais doucement embrassée sur l'oreille.

– Les duvets sont trempés de rosée, on ferait mieux de redescendre.

Nous étions rentrés à la maison courbatus par la nuit passée sur un sol inégal et nous avions bu un bol de café chaud assis sur le seuil de pierre, le dos appuyé contre le mur, dans les tous premiers rayons du soleil et les chants d'oiseaux. Maintenant Clotilde était partie préparer sa classe et je venais de m'installer devant mon écran. Selon mes recoupements, pour mon correspondant ce devait être le milieu de l'après-midi. Quand j'arrivais sur le site il s'y trouvait déjà.

– Alors, m'interpella-t-il, tu as commencé ton enquête ?

– Je m'y suis mis, mentis-je, mais je n'ai encore rien de sérieux à vous proposer.

---

59. Communiqué de la Société des réalisateurs de films, à propos de l'AMI, 2 février 1998.

Au vrai je ne savais même pas par quel bout commencer. Il attendait que je lui rapporte des signes de la transformation du monde, comme un chien d'arrêt rapporte un gibier abattu à son maître. Mais si le maître n'abat jamais rien, qu'est-ce que le chien pourrait bien lui ramener ? Peut-être même n'existait-il plus depuis belle lurette à la surface de la terre la moindre trace du genre de gibier que j'étais censé lui rapporter. Le monde m'apparaissait dans un tel état de décomposition que je n'imaginais pas qu'il puisse finir autrement qu'en fumée dans une gigantesque explosion.

– Ne t'inquiète pas, me rassura-t-il, tu finiras par trouver.

– Un ou deux éléments manquent encore à ma bonne compréhension du système, dis-je, histoire de me raccrocher à quelque chose et de ne pas avoir l'air d'un phoque échoué sur la banquise. Vous deviez me parler de ce traité qui semblait vous mettre en boule la dernière fois : l'ami ou quelque chose comme ça.

– L'AMI ? Tu as raison, s'il y a quelque chose qui me fiche en boule, c'est bien l'Accord multilatéral sur les investissements : le nouveau manifeste du capitalisme mondial comme l'appelle Lori Wallach. « Imaginez, écrit-il, un traité de commerce autorisant les entreprises multinationales et les investisseurs à poursuivre directement en justice les gouvernements pour obtenir des dommages et intérêts en compensation de toute politique ou action publique qui aurait pour effet de diminuer leurs profits[60]. » Une simple lecture du texte suffit

60. *Le Monde diplomatique*, 02/98. Ce chapitre a été réalisé à partir des documents : « L'AMI, c'est pas fini », *Politis*, 23 juillet 1998 ; *L'AMI, non merci,* Collectif contre l'AMI, 04/98 ; *« AMI » c'est l'ennemi*, SACD.

du reste pour se rendre compte que le terme multilatéral (qui implique la prise en compte de l'ensemble des parties) se trouve ici usurpé : tous les droits y sont pour les investisseurs, toutes les obligations pour les États. Au fil de l'énoncé de clauses d'une arrogance telle que l'on n'en avait plus connue depuis les traités coloniaux, les sociétés transnationales s'y arrogent le droit d'acheter et de vendre ce qu'elles veulent, de spéculer comme elles l'entendent, de s'installer où et quand elles le souhaitent dans le monde entier et d'en repartir quand bon leur semble. Quant aux États, ils devront leur garantir un climat favorable à l'exploitation, la gestion, le maintien, l'utilisation, la jouissance de leurs investissements, sous peine d'avoir à leur verser de fortes compensations financières en cas d'entrave à ladite jouissance.

– Quelles sortes d'entraves ?

– Pourra être considéré comme entrave tout ce qui s'oppose au « libre jeu des forces du marché ». Ainsi les législations de protection sociale, l'instauration d'un salaire minimum, le droit de grève, etc. Un État ne pourra plus soutenir un secteur ou une activité par l'octroi de fonds publics, sauf à devoir accorder les mêmes privilèges aux investisseurs étrangers. Les services publics sont visés au tout premier chef : la santé, l'éducation, l'eau, l'énergie, l'audiovisuel, etc. représentent d'énormes marchés convoités par les firmes transnationales. L'obligation faite par l'AMI aux États de n'agir « qu'en fonction de considérations commerciales » signera l'arrêt de mort du principe même de service public – dont la mission est au contraire d'assurer à tous les citoyens un accès égal aux prestations. En France, le tarif « familles nombreuses » de la SNCF par exemple sera déclaré anticoncurrentiel et donc interdit. Un système de cliquet empêchera au surplus tout retour en arrière : ainsi les communes ayant concédé tout ou partie de leur service de distribution d'eau n'auront plus la faculté d'en récupérer la gestion.

Une fois de plus j'étais accablé.

– J'ai l'impression que c'est toujours le même cauchemar qui recommence, dis-je.

– Cette fois c'est pire. Désormais un État ne pourra même plus exiger d'une entreprise étrangère qui s'installe sur son sol un quota d'emploi de main d'œuvre locale ou un transfert de technologie. Fini la protection de la nature, le droit du travail, la défense des consommateurs ou des catégories sociales vulnérables. Et pas question pour un pays d'en sortir comme une entreprise quand ça lui chante. D'abord il signe pour cinq ans minimum, ensuite, s'il désire se retirer, il doit notifier son retrait. Il sera alors libéré de ses obligations… quinze ans plus tard !

– Qu'est-ce que cela recouvre exactement la notion d'investissements ?

– Tout. Dans le cadre de l'AMI seront considérés comme investissements : les ressources naturelles, les terres agricoles, les entreprises de manufactures ou de services, les actifs financiers en tout genre, sans oublier la propriété intellectuelle et artistique. L'AMI c'est une OMC à la puissance dix. Tu te rappelles de l'exception culturelle obtenue par l'Europe lors des accords du GATT ?

– Oui.

– Fini. C'est même une des raisons de l'énergie déployée par les grandes firmes américaines pour nous faire avaler ce traité. Pour les USA, qui réalisent quatre-vingt pour cent de leurs exportations de films en Europe et dont les téléfilms occupent soixante pour cent des écrans de télévision, le marché est énorme. Or, non seulement l'AMI fera tomber les dernières barrières de protection mais, au moyen de toute une série de clauses, il privera les États européens de la possibilité de poursuivre leurs politiques d'aide à la création. En France, la « clause du traitement national » par exemple, conduira *de facto* à détourner soixante pour cent des ressources allouées aux films français par le Fonds de soutien au cinéma, vers les super productions hollywoodiennes ; les quotas de diffusion et de production nationales devront être supprimés ; les accords de coopération également : au titre cette fois de la « clause de la nation la plus favorisée », la France ne pourra plus aider le Burkina Faso à produire des films, sous peine de devoir accorder ces mêmes aides aux grandes compagnies américaines. Fini également le droit moral de l'auteur sur son œuvre : le traité interdit aux États d'entraver par des « mesures déraisonnables » l'exploitation d'investissements réalisés sur son territoire. Sera donc considérée comme mesure déraisonnable, l'interdiction faite à l'acquéreur d'un tableau de Picasso, de le découper pour le revendre en petits morceaux au prétexte qu'il escompte ainsi en tirer un plus grand profit.

– Mais c'est en désaccord avec la loi française.

– Élevé au rang de traité, l'AMI aura un statut juridique supérieur à celui des constitutions nationales.

– Dans ce cas le Parlement ne peut pas ratifier un texte pareil ?

– Le Parlement ? En décembre 1997, alors que l'AMI se négociait en secret depuis plus de deux ans à Paris dans l'immeuble de l'OCDE, bien nommé « le Château de la Muette », le président de la Commission des affaires étrangères de l'Assemblée nationale, Jack Lang, interpellé à ce sujet, déclara qu'il n'en avait jamais entendu parler !

– Mais en cas de litige entre les parties contractantes, qui sera chargé d'arbitrer ?

– Un mot d'abord sur les parties contractantes. On a vu avec l'OMC qu'un État pouvait déposer plainte contre un autre quand il jugeait que les normes de protection de celui-ci étaient préjudiciables aux intérêts de ses entreprises (viande aux hormones, amiante, etc.). Avec l'AMI une entreprise n'aura même plus besoin de demander à son gouvernement de déposer plainte : elle pourra le faire directement. Mieux encore : les entreprises pourront déposer plainte contre les gouvernements mais les gouvernements ne pourront, eux, déposer plainte contre les entreprises ! Les litiges seront tranchés – sans aucune possibilité d'appel – par un tribunal de commerce international où siégeront majoritairement les représentants des investisseurs. Pour bien percevoir la gravité de ce qui se trouve ici en jeu, il peut être intéressant d'aller faire un tour du côté de l'ALENA, l'accord de libre échange nord-américain dont on a déjà eu l'occasion de parler et qui a servi de socle juridique à l'AMI. En avril 1997, le gouvernement du Canada décidait d'interdire l'usage sur son sol d'un additif à l'essence appelé MMT, une neurotoxine jugée dangereuse par la communauté scientifique pour la santé des citoyens et qui endommage les dispositifs antipollution des automobiles. S'estimant lésé par une telle décision portant atteinte à la réalisation de ses profits sur le territoire canadien, le fabricant du MMT, la société américaine Ethyl corporation, intenta alors une action contre le gouvernement d'Ottawa, lui réclamant deux cent cinquante et un milliards de dollars de dédommagements. Craignant de perdre le procès, le Canada finit par céder aux pressions : il retira son interdiction d'utilisation du MMT et versa en prime quinze millions de dollars à Ethyl pour compensation du préjudice subi.

– Ça veut dire que les citoyens canadiens – qui pensaient que leur gouvernement avait pour mission de défendre leurs intérêts – sont désormais condamnés à respirer du MMT ?

– Et qu'en plus ils doivent mettre la main à la poche pour payer l'amende ! Le Mexique, lui, est actuellement attaqué par une autre société américaine, la Metal Clad, pour avoir osé lui refuser le droit d'installer un site de déchets chimiques à l'intérieur d'une de ses réserves naturelles !

– Mais alors qu'est-ce qu'on peut faire ? Parce que quand on lit les journaux économiques, on comprend bien qu'aucun pays ne peut subsister aujourd'hui s'il n'attire pas les investissements.

– Voilà bien le genre de discours médiatique qui n'a d'autre utilité que de brosser l'opinion publique dans le sens du poil, style : « Si on veut prendre le pouvoir c'est pour le bien de l'humanité, parce que vous (les citoyens, les gouvernements, les peuples) n'avez aucune capacité à décider de ce qui est bon pour les Affaires, donc pour vous ». Mais quand on y regarde d'un peu plus près, qu'est-ce qu'on découvre ? Premièrement, que ces fameux investissements ne vont nullement là où ils sont le plus nécessaires mais là où ils ont le plus de chance de fructifier : entre 1985 et 1995, les quarante-huit pays les plus pauvres – qui abritent près du cinquième de la population de la planète – n'ont attiré que un demi pour cent de l'investissement mondial ! Deuxièmement, que pour les pays qui au cours de cette même période ont eu eux la « chance » de les attirer, près de quatre-vingt pour cent y ont servi à financer des fusions et des rachats d'entreprises. Non seulement ils n'ont donc créé aucune richesse mais ils en ont au contraire détruit, lesdites fusions s'étant accompagnées comme à l'accoutumée de licenciements massifs et de mises en faillite de concurrents locaux.

– Pourtant ce sont quand même des nations qui négocient, même si leurs Parlements ne sont pas au courant, je ne comprends pas quel serait leur intérêt à signer un traité qui les dépossède de leur souveraineté.

– Ce ne sont pas des nations qui négocient, ce sont des experts pour le compte des États. Des experts d'autant plus enclins à comprendre les intérêts des grandes entreprises qu'ils évoluent tour à tour dans le giron de l'État et dans les hautes sphères économiques. Ce sont des gens qui ne vivent pas dans le même monde que toi. « En dessous de cent mille francs par mois, il n'y a que des imbéciles[61] ». La formule est d'une de ces personnalités du monde financier qui vivent à l'abri des turbulences du monde et sont payées par beaucoup plus riches qu'eux encore pour nous imposer l'AMI, à nous les imbéciles. Des gens qui passent sans vergogne des cabinets ministériels à la tête des grandes entreprises et se font rémunérer quinze mille francs un seul jeton de présence à des conseils d'administration où ils ne se rendent que pour y voter ce qu'on leur dit de voter. Les Experts, voilà le mot-clé aujourd'hui pour ceux qui entendent

61. Cité par Claude Julien dans « Récuser les dogmes », *Manière de voir* n° 32.

imposer leur domination sur le monde. La politique ? Non. Avec des experts, nous explique François Furet, il est possible d'obtenir ce qui par définition est impossible avec des hommes politiques[62]. Et toi bien sûr tu aimerais savoir qui est expert ? Peut-être même aimerais-tu devenir toi-même un expert. Dans ce cas l'important ne réside pas dans l'étendue de tes connaissances mais dans cette question : Qui sont tes amis ? Attention, on ne te demande pas quels sont tes amis politiques, un expert ne fait pas de politique : il expertise. Ce que l'on te demande c'est : Quels sont tes réseaux ? Quelle formation as-tu suivie ? En France un bon marchepied pour accéder à la qualité d'expert est la Fondation Saint-Simon (dont le dénommé François Furet est justement l'un des cofondateurs) où politiques, industriels, intellectuels, journalistes, hauts-fonctionnaires se rencontrent à l'intérieur de ce qu'Alain Minc (également de la maison) appelle « un espace idéologique allant de la droite intelligente à la gauche intelligente ». Des gens donc qui n'ont pas des revenus d'imbéciles et se réunissent une fois par mois autour d'un invité : Helmut Schmidt, Raymond Barre, le cardinal Lustiger, Robert Badinter, Jacques Chirac, Edmond Maire, Michel Rocard, Laurent Fabius, Valéry Giscard d'Estaing… On le voit, pour ces « élites », que caractérise avant tout « une méfiance tenace à l'égard du peuple[63] », les opinions politiques sont ici secondaires. Reste à savoir de qui ces messieurs (les femmes semblent

62. *Le Débat*, 09/83. Cité dans « Les architectes du social-libéralisme », V. Laurent, *Le Monde diplomatique*, 09/98.

63. *Les Architectes du social-libéralisme*, opus cité. (Concerne également la citation d'Alain Minc).

y briller par leur absence) tiennent leur mission d'élaborer « une pensée d'État modernisatrice [64] » « Notre fierté, explique un troisième larron, Roger Fauroux, c'est d'avoir réussi à faire fonctionner notre machine culturelle sans avoir jamais recours à des fonds publics [65]. » Qui finance donc ? Au hasard : Suez, Publicis, la banque Wormser, Saint-Gobain... Des banquiers, des industriels, des publicitaires ; on aura compris quels intérêts ces gens-là représentent.

– Et ce sont eux qui négocient l'AMI pour la France ?

– Pour l'AMI, les experts sont des hauts-fonctionnaires du Trésor.

– Il y a quand même une question que je me pose à ce sujet. Après les attaques en règle de Jacques Chirac contre l'ENA [66], durant la campagne des présidentielles de 1995, il ne semble pas qu'une fois au pouvoir, ses déclarations aient été suivies de beaucoup d'effet.

– Tu as raison, si nous ne voulons pas que les experts fassent la politique, encore faut-il que les politiques la fassent eux-mêmes, et pour ça qu'ils aient un vrai projet de société à nous proposer. Prends quelqu'un comme Charles Pasqua en France. Depuis le temps qu'il hante les hautes sphères du pouvoir, voilà un homme, penses-tu, qui devrait déborder d'idées, non ? Et que te propose-t-il, allié à son compère de Villiers, dans sa campagne pour les Européennes de 1999 ? « Droite, gauche, droite, gauche... » : rien d'autre donc que le thème ultra ressassé du Front

---

64. *Les Architectes du social-libéralisme*, opus cité.
65. *Le Débat*, 09/83.
66. École Nationale d'Administration, chargée de former les cadres supérieurs de l'administration française.

national. Un thème qui signifie : il n'y a plus de politiques qui vaillent, droite et gauche c'est blanc bonnet et bonnet blanc. Et qui oserait prétendre le contraire quand le gouvernement de Lionel Jospin, dit de gauche plurielle, présente à son actif plus de privatisations que les gouvernements Chirac, Balladur et Juppé : ouverture du capital de France Télécom et d'Air France, privatisation de Thomson CSF et de Thomson Multimédia, privatisation d'Aérospatiale, cession du GAN, du CIC, de la CNP assurances, sans oublier la brèche dans EDF-GDF. Au fond le véritable scandale pour ce qui concerne l'AMI, n'est pas tant que les négociateurs français s'y soient montrés favorables – par affinités de caste, pourrait-on dire – mais que, nommés par Alain Juppé en 1995, ils n'aient pas été remplacés par Lionel Jospin dès son arrivée à Matignon. Alors que le peuple français venait de faire le choix de changer majoritairement sa représentation politique, par cette non décision, le nouveau gouvernement lui signifiait clairement qu'il entendait, lui, ne rien changer. Au train où vont les choses, les investisseurs n'auront bientôt plus besoin d'un traité pour imposer leur hégémonie à la planète, les gouvernements auront fait le travail à leur place. Il ne restera plus alors au navire néolibéral, désormais placé sous pilotage automatique, qu'à filer sa route droit vers le naufrage. Ceux qui ont pu penser que le succès planétaire de la super-production *Titanic* plongeait ses racines dans notre inconscient collectif ont raison. En imaginant que venaient s'y réveiller d'anciennes terreurs, ils se sont pourtant trompés. Le film *Titanic* ne nous parle que de naufrages à venir.

Là, il y eut soudain un blanc. Enfin, un noir plutôt. L'ordinateur venait de s'éteindre d'un coup. Je restai là, planté devant mon écran sans vie, coupé en plein milieu de ma conversation sans avoir eu seulement le temps de dire au revoir à mon correspondant. Je me dis que ce devait être un coup des multinationales, que le gouvernement avait privatisé EDF pendant la nuit et qu'à dix heures du matin déjà plus rien ne marchait. On devait être un trop petit village qui n'achetait pas assez d'électricité et qui se trouvait trop loin de tout. On n'offrait pas un « retour sur investissement » suffisamment attractif pour la société transnationale qui venait de mettre la main sur le secteur de l'énergie en France. On n'avait qu'à se débrouiller comme on pouvait. Avec tous ces gens qui mourraient de faim dans le monde on n'allait quand même pas se plaindre sous prétexte que Vivendi où je ne sais qui d'autre refusait de nous fournir le courant. Si on voulait être traité comme tout le monde, on n'avait qu'à aller habiter en ville avec les autres.

Au bout d'un moment passé à divaguer les yeux ballants devant mon ordinateur, je me demandai si je n'étais pas en train de devenir dangereusement poète. Secouant la tête pour essayer d'en chasser toutes ces pensées importunes, je me déplaçai jusqu'au téléphone pour appeler Max.

– Tu as de l'électricité chez toi ?

– Non, tout le secteur est touché. Le garde vient juste de passer, l'incident vient du câble d'alimentation : un camion a heurté un pylône dans la descente.

– Tu crois que ça va durer longtemps ?

– Ça dépend de l'importance des dégâts, plusieurs jours peut-être.

– Plusieurs jours ? Mais comment va-t-on faire ?

– C'est ça le problème, on vit un miracle permanent et on finit par croire que c'est un état naturel. On tourne un bouton, la lumière s'allume : un jour, deux jours… au bout de cent ans forcément on s'habitue. Alors quand ça s'arrête on ne comprend plus, on rouspète, on cherche un coupable. On devrait s'émerveiller chaque fois qu'on tourne le bouton et que la lumière s'allume, mais non, on ne s'émerveille pas, on trouve ça normal. Désormais c'est quand elle ne s'allume pas qu'on s'étonne. Regarde, maintenant il suffit qu'il neige sur l'autoroute pour que les automobilistes intentent un procès à l'État, des fois je me demande si nous ne vivons pas dans une société un peu trop gâtée. Est-ce que tu sais que deux milliards et demi de personnes sur la Terre n'ont pas accès à l'électricité ? Deux milliards et demi, c'est presque la moitié de l'humanité !

Il était comme ça Max, il pouvait passer des heures assis sur son banc à sourire dans le vide, et il y avait des jours, une petite question de rien du tout suffisait à le mettre en marche. À ces moments il me faisait penser à mon correspondant. Du coup, je me dis que puisque mon appareil multimédiatique se refusait obstinément pour l'heure à me relier au reste de la planète, peut-être que Max…

– Dis moi Max, est-ce que tu es au courant pour l'AMI ?

– L'accord multilatéral sur les investissements ? Oui, je suis ça de près même, je fais partie d'un réseau d'associations : le Collectif contre les clones, de l'AMI. Je ne savais pas que tu t'y intéressais.

– Je m'intéresse à tout, ce n'est pas parce que je suis au chômage que je suis voué à l'ignorance. Dis-moi, pourquoi les clones de l'AMI ?

– Il s'est produit des fissures dans le système. Un vaste mouvement de citoyens à travers le monde, plus de six cent organisations de soixante-sept pays différents, ont violemment manifesté contre. Quinze États du Sud, dont l'Inde, l'ont même officiellement condamné.

– Mais comment cela se peut-il, puisque l'accord était négocié dans le plus grand secret ?

– Il y a eu une fuite. L'intégralité du texte s'est retrouvée sur Internet. Au Canada, la révélation de son existence a soulevé une tempête politique, aux États-Unis, il a été vivement attaqué au Congrès. Comme l'a écrit Lori Wallach, tel un Dracula politique, l'AMI ne peut vivre à la lumière [67]. Quand tu penses que la seule exception véritablement admise par les négociateurs concernait la sécurité nationale – c'est à dire l'armée et la police – comment, une fois informés, les citoyens auraient-ils pu ne pas se rendre compte qu'il s'agissait-là de la dernière pierre de touche d'un plan visant à réduire les États à leur simple expression d'appareils répressifs au détriment de leurs propres peuples ? « Le traité de l'Accord multilatéral sur les investissements a souffert de trop de publicité », s'est désolé Donald Johnson, le secrétaire général de l'OCDE, après que les délibérations aient été suspendues une première fois devant le tollé général. On ne pourrait mieux exprimer ce qui s'avance ici masqué : non pas « la fin de l'histoire » – concept dont aiment à se gargariser ceux qui vivent à l'abri des turbulences du monde – mais bel et bien la fin de la démocratie. Le peuple est invité à se tenir à l'écart des affaires qui le concernent. Finalement c'est la France qui donnera le coup de grâce au traité en

67. Lire *Lumière sur l'AMI : le test de Dracula*, L'Esprit frappeur.

se retirant des négociations sous la pression de ceux que les représentants de la Chambre Internationale de Commerce désigneront alors du terme d'activistes, n'hésitant pas au passage à proférer à leur égard des menaces à peines voilées[68].

– Mais entre temps l'AMI avait fait des petits si j'ai bien compris, ou plutôt des clones ?

– Il aurait été illusoire de croire que ces gens allaient baisser les bras aussi facilement. Ce ne sont pas les institutions non démocratiques qui leur manquent pour réaliser leurs petites affaires à l'abri des regards. Chassé de l'OCDE, l'AMI s'apprête à renaître en toute discrétion à l'OMC, voire au FMI qui se propose d'élargir son mandat, en vue de transférer sous sa seule autorité le droit des gouvernements à contrôler l'entrée et la sortie de capitaux sur leur territoire. Un autre projet, le Partenariat Économique Transatlantique (PET), instituant lui une vaste zone de libre-échange euro-américaine, a

---

68. Déclaration de Genève du monde des affaires (09/98) à propos des associations citoyennes militant contre l'AMI : « [...] l'émergence de groupes d'activistes risque d'affaiblir l'ordre public, les institutions légales et le processus démocratique. Ces organisations activistes devraient se légitimer elles-mêmes, en prouvant leur démocratie interne et leur transparence. Elles devraient assumer pleinement leurs responsabilités en ce qui concerne les conséquences de leurs activités. Si ce n'est pas le cas, il faudrait envisager des règles établissant leurs droits et leurs responsabilités. Le monde des affaires est habitué à travailler avec les syndicats, les organisations de consommateurs et d'autres groupes qui sont responsables, crédibles, transparents, et qui méritent le respect. Ce que nous mettons en question c'est la prolifération de groupes activistes qui n'acceptent pas ces critères d'autodiscipline. » (Il est vrai que les syndicats présents comme observateurs à l'OCDE, pour la France la CFDT, n'ont pas cru bon d'alerter leur base !)

d'ores et déjà été mis en route, au mois d'avril 1998 à Londres. Est-ce que tu connais Jack London ?

– L'écrivain ?

Je me souvenais avoir lu *L'appel de la forêt* et *Croc-Blanc* quand j'étais enfant mais je ne voyais vraiment pas le rapport. Je voulus le dire à Max mais il n'était plus là. Je pensai qu'il avait dû s'absenter pour aller ouvrir à un visiteur, peut-être le garde venu lui donner des nouvelles de la ligne électrique. Je patientai en regardant par la fenêtre, l'école était déserte, Clotilde avait mis à profit la panne de courant pour commencer sa classe d'agriculture. Je l'imaginais bêchant le sol sous l'œil de l'agriculteur en retraite et le regard émerveillé des enfants. Ce soir elle sentirait la terre.

– Oui, l'écrivain américain, celui de *L'appel de la forêt* (je ne l'avais même pas entendu revenir et il me parlait à nouveau, je me demandai si ce n'était pas mon appareil qui faisait des siennes), mais il n'a pas publié que ça, écoute ce qu'il écrit dans *Le Talon de fer* (il y eut alors un bruit de pages que l'on tourne et je compris qu'il avait mis sa courte absence à profit pour aller chercher un livre) : « Voici donc notre réponse. Quand vous allongerez ces mains dont vous vantez la force pour saisir nos palais et notre aisance dorée, nous vous montrerons ce que c'est que la force. Nous broierons vos révolutionnaires sous notre talon et nous vous marcherons sur la face. Le monde est à nous, nous en sommes les maîtres, et il restera à nous. Quant à l'armée du travail, elle a été dans la boue depuis le commencement de l'histoire, et j'interprète l'histoire comme il faut. Dans la boue elle restera tant que moi et les miens et ceux qui viendront après nous demeurerons au pouvoir. »

8

LA BALLE RICOCHE ET FINIT PAR BLESSER LE TIREUR

« Il est probable que le système capitaliste a atteint ses limites. Le progrès technique ne fait plus de la force de travail la source cohérente du profit. C'est la crise, le moment de la mort ou de la mutation. Dans tous les cas le fascisme et le racisme sont à l'ordre du jour. Les dénoncer et les combattre, c'est dire ce qui les produit et ce qu'ils protègent. Les vaincre c'est construire ensemble ce qui les rend inutiles, une économie qui n'ait pas l'intérêt privé comme moteur, une production qui n'ait pas le profit comme objectif[69]. »

Jean Foucambert

L'électricité revint dans la nuit. Ce matin-là je ne montai pas au Dos rond du buffle. Les révélations de mon correspondant puis de Max m'avaient persuadé que le monde venait d'aborder un tournant dangereux. Il n'y avait plus de temps à perdre. Clotilde dormait encore. Dehors la nuit était d'un vif acéré, le froid me donnait l'impression de cogner sur la vitre. Pourtant, dès que le soleil se lèverait la chaleur serait là, jusqu'à brûler sur le coup de midi. La montagne est comme ça aux beaux jours. Mon bol de café à la main, j'allumai l'ordinateur. Je pensais au corps chaud de Clotilde sous la couette. Hier je ne m'étais pas trompé, elle sentait vraiment la terre en rentrant. La tête m'avait alors tourné. Portée par la voix d'Amelia Muge, une complainte du Cap-vert envahissait la pièce. Je regardais

---

69. *Éclairer sans brûler* (salon du livre antifasciste, Gardanne, 11/97), Actes Sud.

Clotilde sans comprendre ce qu'il m'arrivait. Je me posais une drôle de question : qu'est-ce que je vais devenir ? Et cela n'avait rien à voir avec l'état du monde et les inquiétudes légitimes qu'il pouvait susciter en moi. Non, c'était autre chose de beaucoup plus immédiat et dangereux à la fois. De quoi as-tu peur ? me demandais-je. Mais au fond je sentais bien que cela n'avait rien à voir avec la peur. C'était une porte qui venait de s'ouvrir et soudain le monde était à la fois dedans et dehors. Clotilde ne souriait pas, elle me regardait avec de la gravité dans les yeux. Pas joyeusement grave. Non, gravement grave. Alors j'avais marché sur elle. Oui, je ne pourrais le dire autrement : j'avais marché sur elle. Il y avait une force énorme en moi. Pas de la violence, non, seulement une force énorme. Quand je m'étais trouvé tout près d'elle, je m'étais aperçu qu'elle tremblait doucement.

– Tu as peur ? lui avais-je demandé.

– Bien sûr que j'ai peur. Et toi, n'as-tu pas peur ?

– Non. Tout à l'heure je croyais avoir peur mais maintenant je sais que non.

– Que va-t-il se passer ?

– Tu devrais le savoir, avais-je eu la force de sourire, après tout c'est toi qui es responsable de l'accrochage.

En même temps je me demandais comment je pouvais dire une chose pareille, comment surtout je pouvais sourire. Je me faisais l'effet d'un monstre. Je voyais tellement loin. Il n'y avait plus de frontières nulle part.

Mais il avait suffi que je pose la main sur elle pour que le monde se rétablisse dans ses justes dimensions. Il n'était plus le même pourtant. Le monde, en se reposant, s'était un peu déplacé. J'avais posé ma main sur l'épaule de Clotilde et je sentais bien que là se trouvait une frontière, que je ne pourrais rien accomplir d'autre que d'aller à sa rencontre. J'étais d'une extraordinaire lucidité et en même temps je n'avais aucune volonté. Je ne pouvais qu'observer cet événement qui s'accomplissait à travers moi. Le moindre de mes gestes m'était dicté. Si j'avais cherché à intervenir dans ce qui était en train de se produire, je n'aurais pu qu'y mettre de la pagaille. Ma main avait glissé sur sa nuque, je l'avais attiré contre moi, je m'étais penché sur elle, j'avais respiré la terre.

– Maintenant je vais te faire un enfant, lui avais-je dit.

Elle ne m'avait pas demandé si j'avais réfléchi à notre conversation de l'autre nuit sous les étoiles. Je ne veux pas que tu me protèges, m'avait-elle dit alors, je veux que tu me reconnaisses. Non, elle ne me l'avait pas demandé, elle voyait bien que je la reconnaissais. Elle voyait bien aussi qu'à cet instant je n'éprouvais aucun désir de la protéger.

L'ordinateur affichait la rangée de ses icônes sur fond bleu. Je cliquai sur ma boîte à lettres où se trouvait un message : Forêt Lacandona, État du Chiapas. Ici l'Armée zapatiste de libération nationale en lutte contre la répression armée du gouvernement mexicain et l'oppression économique de l'ALENA. Salut compagnon, bienvenue dans le monde de ceux qui luttent les armes à la main. Suivait un texte dont le titre ne laissait aucune place à l'ambiguïté : *La quatrième guerre mondiale a commencé*[70].

Je me couvris d'un coup de transpiration. Qu'est-ce que c'était que cette histoire ? Enquêter sur les coups

---

70. « Sous-commandant Marcos », *Le Monde diplomatique*, 08/97

fourrés des transnationales depuis mon village perché sur la montagne, c'était un risque que j'avais accepté de courir. Mais là, j'avais l'impression que quelqu'un me montrait soudain du doigt, me dénonçant aux autorités comme révolutionnaire armé. La seule arme que j'avais jamais tenue entre mes mains était un fusil de chasse, le jour où, en vacances en Corse, j'avais visé une bouteille posée sur un muret pour faire plaisir à des amis. Je m'étais à moitié brisé l'épaule et j'avais dû crever un nuage car aussitôt après il s'était mis à pleuvoir.

La 4e guerre mondiale a commencé

> Le néo-libéralisme comme système mondial est une nouvelle guerre de conquêtes de territoires. [...] Si la troisième guerre mondiale (la guerre froide) a vu l'affrontement du capitalisme et du socialisme sur divers terrains et avec des degrés d'intensité variable, la quatrième se livre sur des théâtres mondiaux entre grands centres financiers. [...] Grâce aux ordinateurs, les marchés financiers, depuis les salles de change et selon leur bon plaisir, imposent leurs lois et leurs préceptes à la planète. La « mondialisation » n'est rien de plus que l'extension totalitaire de leurs logiques à tous les aspects de la vie. Naguère maîtres de l'économie, les États-Unis sont désormais dirigés, télédirigés, par la dynamique même du pouvoir financier : le libre-échange commercial. Et cette logique a profité de la porosité provoquée par le développement des télécommunications pour s'approprier tous les aspects de l'activité du spectre social. Enfin une guerre totalement totale. Une de ses premières victimes est le marché national. À la manière d'une balle tirée à l'intérieur d'une pièce blindée, la guerre déclenchée par

le néo-libéralisme ricoche et finit par blesser le tireur. Une des bases fondamentales du pouvoir de l'État capitaliste moderne, le marché national, est liquidée par la canonnade de l'économie financière globale. Le nouveau capitalisme international rend les capitalismes nationaux caducs et en affame jusqu'à l'inanition les pouvoirs publics. Le coup a été si brutal que les États nationaux n'ont pas la force de défendre les intérêts des citoyens. [...] Le fils (le néo-libéralisme) dévore le père (le capital national). Dans le nouvel ordre mondial, il n'y a ni démocratie, ni liberté, ni égalité, ni fraternité. La scène planétaire est transformée en nouveau champ de bataille où règne le chaos. Vers la fin de la guerre froide, le capitalisme a créé une horreur militaire : la bombe à neutrons, arme qui détruit la vie tout en respectant les bâtiments. Mais une nouvelle merveille a été découverte à l'occasion de la quatrième guerre mondiale : la bombe financière. [...] Le résultat de l'explosion n'est pas un tas de ruines fumantes ou des milliers de corps inertes, mais un quartier qui s'ajoute à une mégalopole commerciale du nouvel hypermarché planétaire et une force de travail reprofilée pour le nouveau marché de l'emploi planétaire. L'Union européenne vit dans sa chair les effets de la quatrième guerre mondiale. La mondialisation a réussi à y effacer les frontières entre des États rivaux, ennemis depuis des siècles, et les a obligés à converger vers l'union politique. Des États-nations jusqu'à la fédération européenne, le chemin sera pavé de destructions et de ruines, à commencer par celle de la civilisation européenne. »
Hasta luego companero.

– C'est fini, dis-je à mon correspondant aussitôt parvenu sur le site, j'arrête.

– Que se passe-t-il ?

– J'arrête, je vous dis, c'est mon droit non ? Je ne suis quand même pas obligé de vous expliquer le pourquoi et le comment de tous mes actes, je suis encore libre, que je sache ? Du reste il suffit que je débranche mon ordinateur et toute cette histoire s'éteindra avec lui comme un cauchemar disparaît au réveil.

– Si tu veux dire qu'il suffit de refuser de savoir pour se faire croire que tout va bien dans le monde, alors tu as raison. Après tout la télévision propose suffisamment d'images sanglantes pour satisfaire nos pulsions de mort, personne n'est plus obligé de s'y colleter pour du vrai, il suffit de contempler le désastre installé bien confortablement chez soi un verre à la main. Enfin, quand je dis que personne n'est obligé, je parle bien sûr de la petite minorité à laquelle un heureux hasard a permis de naître du bon côté de la machine à exploiter. Mais attention, dans un monde aussi instable que celui dans lequel nous vivons désormais, nul ne peut être fondé à croire qu'il va pouvoir continuer à s'acheter, par exemple, une montre qui indique, non seulement l'heure, mais aussi la distance qu'il parcourt le dimanche en faisant son jogging, le nombre de calories qu'il brûle, son rythme cardiaque… et contient en plus un décapsuleur (cela n'a rien d'une plaisanterie), alors que deux milliards d'être humains souffrent eux d'anémie due à des carences en nourriture. La manière la plus rapide de voler une montre, c'est encore de trancher la main au ras du poignet.

– Oh ! inutile d'en rajouter côté angoisse, le soleil n'est pas encore levé que j'ai déjà reçu mon compte pour la journée.

– Si tu crois qu'il suffit de débrancher ton ordinateur, jeter ta télévision aux orties et te réfugier dans ton village de montagne et y cultiver tes propres légumes, pour te tenir à l'écart des turbulences qui secouent la planète, alors c'est que tu n'as rien compris au message d'*el Sub*.

– Je ne sais même pas de qui vous parlez.

– Je parle d'*el sub-commandante Marcos*. Entre nous, on l'appelle *el Sub*. Je suis prêt à parier que si tu es dans un tel état c'est qu'il t'a contacté et qu'il t'a foutu une trouille de tous les diables avec son histoire de quatrième guerre mondiale.

– Je n'ai pas envie de me retrouver avec une accusation de complicité d'action terroriste sur le dos.

– Quand la machine t'aura rattrapé et broyé, tu t'apercevras que ce dont tu as envie ou pas, tout le monde s'en fiche. Comme a dû te l'expliquer le sous-commandant Marcos, la balle ricoche et finit par blesser le tireur. La compétition est telle aujourd'hui dans un système capitaliste mondialisé – qui a besoin de plus en plus de consommateurs pour faire tourner la machine économique et de moins en moins de travailleurs pour produire les biens mis en circulation – que ses effets finissent par remonter à la source. Désormais les plans d'ajustement structurel imposés par le FMI et la Banque mondiale ne sont plus réservés aux pays du tiers-monde mais – sous couvert du Traité de Maastricht et du Pacte de stabilité d'Amsterdam – s'imposent aussi à l'Europe. Pour la France, les consignes sont clairement identifiées dans un document de l'OCDE, joliment intitulé « Études économiques sur les politiques structurelles, recherche et innovation [71] ».

71. Source : OCDE

Y sont entre autres prescrits une réforme du marché du travail visant à une plus grande flexibilité des coûts salariaux et de la main d'œuvre : par l'abandon des CDD et des CDI[72] au profit de l'intérim, et la remise en cause du rôle du salaire minimum ; le durcissement des systèmes d'indemnisation du chômage, par la réduction des durées maximales et le renforcement des contrôles ; la diminution de la sécurité de l'emploi, par la suppression des mesures réglementant les licenciements collectifs et le renouvellement des contrats à durée déterminée ; ainsi qu'une plus grande flexibilité du temps de travail, l'intensification de la concurrence sur les marchés de produits, la poursuite des privatisations, le désengagement de l'État des services publics de base et la promotion de l'esprit d'entreprise par la réduction globale de la pression fiscale.

Il ne t'aura certainement pas échappé que ton gouvernement est loin d'être mauvais élève en la matière. C'est en tout cas ce que relèvent les experts de l'OCDE dans l'examen du suivi de leurs recommandations pour ce qui est du durcissement des règles du chômage, de la flexibilité du temps de travail, de l'intensification de la concurrence, de la poursuite des privatisations et des cadeaux fiscaux sélectifs. Sur ce dernier point par exemple, les recettes d'impôts sur le revenu des capitaux n'ont cessé de diminuer depuis dix ans en France tandis que les taxes sur salaires augmentaient. Lors de la présentation de la loi de finances pour 1999, le syndicat CGT-Finances déclarait : « Le ministre du budget a manipulé les chiffres sans vergogne pour annoncer une

72. Contrat à Durée Déterminée et Contrat à Durée Indéterminée.

baisse plus forte pour l'ensemble des ménages alors que la baisse concerne essentiellement les entreprises et les ménages aux revenus les plus substantiels[73]. » Et de dénoncer le scandale des niches fiscales qui ont permis en 1998 à quatre-vingt-dix-neuf foyers fiscaux (dont dix-neuf non imposables) de déduire des charges pour l'acquisition de navires neufs (!), tandis qu'un tiers des titulaires de revenus de capitaux mobiliers échappaient à l'impôt (dont deux cent vingt-trois bénéficiant de revenus supérieurs à cinq cent mille francs annuels !) En France aujourd'hui, sous un gouvernement de gauche, un quart des revenus du capital se trouve soustrait à toute imposition. Reste à savoir si l'acquisition d'un navire de plaisance entre dans le cadre de ce que l'on appelle « la promotion de l'esprit entreprise » ?

Reste aussi à savoir ce que l'on gagne à être bon élève ? On compte aujourd'hui dans les pays de l'OCDE (dont je te rappelle qu'ils sont les plus riches du monde) plus de cent millions de sans-abri (près de deux fois la population de la France). Les taux de chômage (officiels) y atteignent des records vertigineux chez les jeunes, principalement chez les jeunes femmes : trente-deux pour cent en France, trente-neuf pour cent en Italie, quarante-neuf pour cent en Espagne. Quant à ceux qui ont la chance d'avoir un travail, leur sort devient chaque jour moins enviable. Un médecin du travail d'une entreprise publique française raconte que des cadres supérieurs viennent pleurer dans son bureau : « Ils sont dans un état de mélancolie et de dépression profondes, ont perdu leur élan vital et ont souvent des

---

73. Conférence de presse du 24/03/99, SNADI-CGT

envies suicidaires. Bourrés de médicaments, ils manifestent des formes de pathologie de la survie comparable à celle qui frappe les militaires en guerre[74] ». Dans son livre *Souffrance en France*, le psychiatre Christophe Dejours déclare, lui : « Le processus de mobilisation de masse dans la collaboration à l'injustice et à la souffrance infligée à autrui dans notre société est le même que celui qui a permis la mobilisation du peuple allemand dans le nazisme[75]. » Et au cas où tu penserais que cela risque de s'améliorer, écoute ce que préconise Hans Tietmeyer, le président (non démocratiquement élu) de la Bundesbank[76] : « L'enjeu aujourd'hui, c'est de créer des conditions favorables [...] à la confiance des investisseurs, il faut donc contrôler les budgets publics, baisser le niveau des taxes et impôts [...], réformer les systèmes de protection sociale, démanteler les rigidités sur le marché du travail [...]. L'euro va renforcer la concurrence entre les pays et les marchés et supprimer l'instrument du taux de change qui pouvait servir jusqu'ici d'« air-bag ». En clair : la compétitivité de nos économies ne sera atteinte à nouveau que si nous faisons un effort de flexibilité sur le marché du travail[77]. »

Fini. Plus d'air-bag. À l'heure où la bourse vole de record en record (avant de bientôt s'écraser au sol), où les grandes entreprises réalisent des bénéfices sans précédent et où une minorité de privilégiés se sucre sans vergogne, le travailleur, assis lui à la place du mort, ne

74. « Des cadres pleurent dans mon cabinet », *Le Nouvel Observateur*, 5-11 février 1998.

75. *Souffrance en France*, Christophe Dejours – Seuil.

76. Banque centrale allemande.

77. *Le Monde*, 17 oct 96.

peut plus compter que sur sa propre flexibilité pour espérer limiter la gravité de ses blessures au moment du choc frontal annoncé.

Après s'être nourris de la substance des peuples de la terre, les pays riches ont commencé à s'auto-dévorer. C'est-à-dire à dévorer les plus faibles d'entre eux. Aux États-Unis aujourd'hui, alors que les statistiques de l'emploi veulent nous laisser croire aux vertus sociales d'une économie triomphante, il suffit de réintégrer le nombre de personnes incarcérées dans les comptes du chômage, pour les faire remonter de deux points. Voilà donc la réponse apportée par la nation la plus puissante de la terre aux problèmes générés par la crise économique qu'elle a elle-même très largement initiée : le traitement carcéral du chômage ! Si la croissance du nombre d'emprisonnements devait s'y poursuivre à ce rythme, on a calculé qu'au milieu du siècle prochain, la moitié des Américains se retrouverait derrière les barreaux ! Bien entendu, ils seront en majorité noirs et, en quasi totalité, pauvres. Selon un classement réalisé par le bureau du *Rapport mondial sur le développement humain*[78] entre les dix-sept pays les plus riches de la planète, les USA, qui arrivent en tête pour le Produit intérieur brut par habitant, se retrouvent en dernière position au regard de l'indicateur de pauvreté humaine ! Le taux d'illettrisme y atteint vingt pour cent de la population âgée de quinze à soixante-cinq ans et celui du nombre de personnes vivant en dessous du seuil de pauvreté, dix-neuf pour cent. « Quand la moitié des salariés reçoit un salaire médiocre et quand le pays n'investit ni dans le public ni à l'échelon privé, nous risquons d'aboutir dans cinq ans à un conservatisme très dangereux

78. *PNUD*, opus cité.

pour l'avenir du pays, nous dit Robert Reich (Ministre américain du travail sous la première mandature de Bill Clinton). Les inégalités s'aggravent, l'insécurité est générale [...]. Les grands patrons ont obtenu des augmentations de cinquante pour cent l'année dernière et ils vivent dans des communautés closes, protégées par des vigiles, dans une société fracturée [...] La protection médicale financée par l'employeur continue de se dégrader pour les salariés du bas de l'échelle, qui en sont réduits soit à payer plus eux-mêmes, soit à perdre leur couverture. L'assurance chômage ne couvre plus qu'environ trente-cinq pour cent des chômeurs. [...] Jamais dans l'histoire de l'humanité les sentiments exprimés par une seule rue – Wall Street – n'ont eu autant de pouvoir. Les Anciens se souciaient de l'humeur des cieux, des montagnes, des mers et des forêts. Nous, nous cherchons à apaiser une chaussée[79]. »

Une chaussée qui, comme les dieux sanguinaires des temps anciens, n'a que faire de nos sacrifices. Le krach de Wall Street est désormais explicitement annoncé par certains analystes[80]. Au Japon, le gouvernement en est réduit à nationaliser les banques les plus touchées pour éviter leur mise en faillite : quand ça marche on privatise les gains, quand le système se casse la figure on collectivise les pertes. Asie de l'Est, Russie, Brésil... la moitié de l'économie mondiale est en train de s'effondrer sous nos yeux, le prochain domino à tomber pourrait bien être la Chine[81].

---

79. Déclaration de Robert Reich au *Financial Times*, le 3/03/97, Cité par *Le Monde Diplomatique* – 05/97

80. Lire « Comment la prochaine crise va nous frapper », Philippe Lefournier, *L'Expansion*, 18 février 1999

81.Lire « Demain le krach », Ignacio Ramonet, *Le Monde diplomatique*, 03/99

Ceux qui pensaient conduire la machine, s'aperçoivent soudain qu'elle est devenue folle : « Supposons, nous dit Paul Krugman du Massachusetts Institute of Technology, que vous achetiez un exemplaire du plus vendu des manuels d'économie internationale. Que vous dirait-il sur la façon de faire face à une telle perte de confiance des investisseurs internationaux ? Eh bien, pas grand-chose. Faites-moi confiance : je suis le coauteur de ce manuel[82]. » Le trait d'humour peut sembler facile, pour un économiste qui chantait voilà peu encore les louanges de la mondialisation et les vertus autorégulatrices des flux financiers. D'autant plus facile qu'il n'a que peu de chance de compter au nombre des victimes. Cette fois encore, les vagues les plus meurtrières atteindront d'abord les plus fragiles et les plus démunis.

« La période qui arrive, nous dit Immanuel Wallerstein – les trente à quarante prochaines années – sera le moment de la désintégration du système historique capitaliste. Nous nous trouvons dans une situation de bifurcation très classique. Les perturbations augmentent dans toutes les directions. Elles semblent hors de tout contrôle. Tout paraît chaotique. Nul ne peut prévoir ce qui va en résulter[83]. »

– Je le connais, interrompis-je mon correspondant (Max m'avait justement prêté le texte en question qui était resté

---

82. R. J. Samuelson, « *We're all in the same boat, with no steering* » (Nous sommes tous dans le même bateau, mais personne ne tient le gouvernail). Dans « *Le bateau ivre de la finance* », B. Cassen, *Le Monde diplomatique*, 11/98

83. Immanuel Wallerstein « La restructuration capitaliste & le système-monde », revue *Agone*, Climats, 1996.

posé sur la table à côté de l'ordinateur), avant qu'il ne poursuive en disant : « Mais il n'est pas dans mon intention de dire que nous ne pouvons pas avoir d'influence sur le type d'ordre qui sera finalement construit. Tout au contraire. Dans une situation de bifurcation systémique, la moindre action peut avoir d'énormes conséquences. Le tout se construit à partir de choses infimes. Les puissants de ce monde le savent bien. Ils préparent, de différentes manières, la construction d'un monde postcapitaliste ; une nouvelle forme de système historique inégalitaire, qui leur permettra de conserver leurs privilèges. Le défi pour toute personne à la recherche d'un système démocratique et égalitaire (les deux adjectifs sont synonymes) est de se montrer aussi audacieux qu'eux. Comment y parvenir ? C'est ce dont nous devons discuter aujourd'hui, demain et après-demain. Cela est possible, bien qu'aucune certitude ne s'offre à nous. L'histoire ne nous garantit rien. Le seul progrès qui existe, c'est celui pour lequel nous luttons[84]. »

– Et voilà ! m'adressa mon correspondant. Maintenant je crois que tu n'as plus qu'à te mettre au travail.

Et comment ! Si je devais être père dans de brefs délais, mieux valait que je m'occupe sérieusement de la manière dont tournait le monde. Je me retins de ne pas aller réveiller Clotilde pour lui demander d'aller faire un test de grossesse sur le champ.

84. Idem.

9
UN AUTRE MONDE EST POSSIBLE

« En contrepoint du discours idéologique dominant, je soutiens que la mondialisation par le marché est une utopie réactionnaire, contre laquelle on doit développer théoriquement et pratiquement l'alternative du projet humaniste d'une mondialisation s'inscrivant dans une perspective nouvelle[85]. »

Samir Amin

« Je suis déterminé à poursuivre une stratégie agressive d'ouverture des marchés dans toutes les régions du monde[86]. »

Bill Clinton

Les ressources mondiales sont plus que suffisantes pour éradiquer les formes les plus extrêmes de pauvreté de la surface de la planète. L'investissement annuel total nécessaire pour garantir un accès universel aux services sociaux de base serait de l'ordre de quarante milliards de dollars, soit à peine zéro virgule un pour cent du revenu mondial. Ce montant – qui suffirait à financer l'éducation de base, la santé, la nutrition, les soins génésiques, le planning familial, et l'accès à l'eau potable et à l'assainissement de tous – est l'équivalent du budget loisirs des entreprises japonaises ! C'est un vingtième seulement des dépenses militaires chaque année dans le monde[87].

---

85. « Les défis de la mondialisation », revue *Agone,* 1996.
86. Discours à l'OMC, le 18 mai 1998.
87. Source : *Rapport mondial sur le développement humain 1998,* Opus cité.

Pendant plusieurs jours il ne se passa rien d'autre que ce genre de missives qui me parvenaient à intervalles réguliers de tous les coins du monde. Il semblait que de plus en plus de gens s'intéressaient désormais à mon enquête et n'hésitaient pas à m'adresser des signes d'encouragement. Pourtant, si je ne pouvais qu'être d'accord avec leur contenu implicite, la nécessité de construire un nouveau champ du politique (grâce auquel nous pourrions prendre demain la décision de fabriquer des infrastructures sanitaires plutôt que des armes), je savais qu'il ne servait à rien de dépenser son énergie en incantations inutiles.

Pour les bouddhistes la matière naît du barattement du lait de l'esprit. J'avais compris que de même la matière politique ne pouvait naître que du barattement du lait citoyen. Que nous le voulions ou non, nous étions tous les acteurs de notre histoire commune. Des acteurs actifs ou passifs mais des acteurs quand même. Je ne pouvais m'empêcher de penser à Cornelius Castoriadis écrivant : « Il y a la merveilleuse phrase d'Aristote : *« Qui est citoyen ? Est citoyen quelqu'un qui est capable de gouverner et d'être gouverné.* » Il y a des millions de citoyens en France. Pourquoi ne seraient-ils pas capables de gouverner ? Parce que toute la vie politique vise précisément à le leur désapprendre, à les convaincre qu'il y a des experts à qui il faut confier les affaires. Il y a donc une contre-éducation politique. Alors que les gens devraient s'habituer à exercer toutes sortes de responsabilités et à prendre des initiatives, ils s'habituent à suivre ou à voter pour des options que d'autres leur présentent[88]. »

---

88. *Post-scriptum sur la montée de l'insignifiance*, Cornelius Castoriadis, entretien avec Daniel Mermet, Éd. de L'Aube.

C'est à cause du confort, me dis-je. Nous avons trop à perdre. Tous ces objets ont fini par nous ensevelir, ils nous empêchent de nous lever pour nous réapproprier la seule chose qui vaille et que nous nous sommes laissés voler par paresse : notre liberté. Grâce au satellite chacun peut désormais recevoir cinq cent chaînes de télévision à domicile. Cinq cent chaînes ! En ne regardant chacune qu'une minute, il faudrait déjà y consacrer plus de huit heures par jour !

Mais j'avais beau m'indigner, je ne trouvais pas la moindre piste sérieuse à me mettre sous la dent. Fais confiance à ta nature poétique, m'avait dit mon correspondant. Elle ne m'était pas d'un grand secours ma nature poétique. Je tournais en rond depuis des jours sans apercevoir la lumière. J'avais l'impression qu'il me manquait un maillon. Puis un matin je reçus ce message :

– C'est parce que tu ne cherches pas dans la bonne direction.

Dessous se trouvait une adresse.

– Qui êtes-vous ? me précipitai-je, aussitôt le contact établi.

– Quelqu'un qui peut t'aider.

– Est-ce que vous savez seulement ce que je cherche ?

– Tout le monde le sait.

C'était bien la peine d'avoir pris un nom de code, si ça continuait j'allais devenir paranoïaque, déjà je dressais l'oreille chaque fois qu'une voiture ralentissait devant la maison, regardant par la fenêtre pour m'assurer que les gendarmes ne venaient pas m'arrêter. Et le camion qui avait heurté le pylône EDF, me privant pendant plusieurs heures de mon unique moyen d'investigation, ne s'agissait-il pas d'un acte délibéré ?

Je me forçai au calme. Sois zen, m'exhortai-je, inspirant et expirant profondément. Sois zen ! Facile à dire, j'avais charge d'âme, moi. Je consultai ma montre : voilà huit bonnes heures maintenant que nos gamètes avaient dû entamer leurs opérations de fusion dans le secret utérin de Clotilde. Je songeais à monter m'assurer que tout se passait bien, quand mon correspondant m'interrompit dans mes pensées.

– À ton avis, qu'est-ce que nous pouvons faire pour renverser la tendance ?

– Il faut soulager la misère.

– Évidemment. Mais concrètement. Qu'est-ce que tu préconises par exemple, pour le cinquième de la population mondiale qui manque de tout ?

– Nous devons leur venir immédiatement en aide, construire les infrastructures de base…

– C'est désolant.

– Pardon ?

– Je m'excuse mais c'est désolant, on dirait un expert de la Banque mondiale qui parle.

– Écoutez, je ne suis pas sûr que vous puissiez vraiment m'aider, je commence à en avoir marre de tous ces gens qui passent leur temps à me donner des leçons, déjà mon premier correspondant, Max ensuite, Clotilde l'autre nuit, et maintenant vous, trop c'est trop. Si je suis si indécrottable que ça, je ne comprends pas pourquoi vous êtes venus me chercher dans mon village de montagne où je ne faisais de mal à personne.

– C'est un peu trop facile. Il y a une chose que tu dois bien comprendre : désormais, que tu le veuilles ou non, nous sommes tous solidaires, moi la première…

– La première ? Vous êtes une femme ?

– Pourquoi, cela te pose un problème ?

– Non, mais je ne savais pas, c'est drôle finalement ces relations par ordinateur, on communique avec des gens sans avoir seulement idée de ce qu'ils sont.

– Pour en revenir à ta remarque de tout à l'heure et à ma réaction un peu vive, tu dois comprendre que je m'élève depuis des années contre cette idée que nous devrions aider les pays pauvres en leur apportant ce dont ils ont besoin, quand la seule chose que nous puissions faire est de commencer par arrêter de les dépouiller. Nous nous imaginons plus intelligents que le reste du monde parce que nous avons réussi à imposer notre domination par la force. La vérité est que nous ne sommes pas plus intelligents mais plus brutaux. Nous sommes brutaux, parce qu'après nos armées nous laissons aujourd'hui nos entreprises agir de manière brutale en notre nom, parce que nous acceptons que notre bien-être se nourrisse de la misère du reste du monde, que notre croissance (c'est à dire l'augmentation de notre capacité à consommer des bien superflus), ajoute encore plus, par un effet de vase communiquant, au dénuement des plus pauvres. Et ce n'est pas tout. Nous sommes non seulement brutaux mais inconséquents : nous militons à dix-neuf heures contre la fabrication des mines antipersonnel, pour nous réjouir une heure plus tard, au journal télévisé, de l'heureux impact de nos ventes d'armes sur l'équilibre de nos balances commerciales. Mais surtout nous sommes arrogants : *nous* savons, *nous* sommes efficaces, *notre* réussite est là pour le prouver. Écouter ce que les autres ont à nous dire serait pour nous une perte de temps. C'est ainsi qu'au Rwanda, une association d'aide humanitaire occidentale a récemment construit des maisons afin de reloger les populations déplacées pendant le génocide, sans qu'il vienne à quiconque l'idée de demander aux Rwandais où ils aimeraient qu'on les leur bâtisse, des fois par exemple qu'ils exprimeraient le souhait que ce soit à proximité de leurs champs ! Résultat : elles sont vides.

– Je crois que j'ai compris, dis-je.

– Chaque société sait ce qui est bon pour elle. Confrontée à des difficultés et pour peu qu'on lui en laisse la liberté, elle saura y remédier à son rythme et par ses propres moyens. La seule aide que nous puissions apporter aux populations qui en expriment le besoin est de les soutenir dans les actions qu'elles entreprennent en vue de reconquérir leur autonomie économique, sociale et culturelle. Je dis bien les actions qu'« elles » entreprennent. Si tu as un peu de temps, suis-moi, je t'emmène au Mexique y rencontrer des amis.

Cette fois je me dis que je touchais enfin au but.

– « Pour moi, le pauvre est capable de remonter la pente dans laquelle nous l'avons fait tomber… Peut-être sera-t-il écrasé, mais il y a là un homme capable de remonter la pente. C'est le défi. Avec mes camarades nous avons voulu montrer que dans les régions pauvres, il y a un tissu social qui est prêt à se régénérer. » Celui qui parle s'appelle Enrique Gomez, il est le coordinateur d'un projet de « survie paysanne » dans le semi-désert du Haut Mezquital et de Cadeyreta où vivent les Hna Hnus. Ce projet, qui concerne trente-sept villages, soit environ six mille personnes, s'articule autour de trois axes prioritaires : préserver l'environnement pour que les hommes puissent continuer à y vivre, développer l'agriculture pour dégager des ressources, et améliorer la vie des communautés paysannes. Après l'aménagement et l'irrigation des terres cultivables, les Hna Hnus ont replanté deux variétés d'agave (une plante cactée qui supporte la dureté du climat) : le maguey et la lechuguilla. Le maguey est utilisé tout à la fois comme combustible, matériau de construction et aliment pour le bétail. Les Hna Hnus en tirent en outre une fibre souple dont ils tressent des paniers, sacs, cordes, balais, nattes et s'en servent enfin pour fabriquer le pulque, boisson populaire mexicaine. Grattée, la lechuguilla produit elle un liquide savonneux ; grâce à la formule récemment mise au point par un biochimiste de l'université de Pachuca, celui-ci peut désormais être transformé en shampoing et en crème hydratante. De petits ateliers de production ont vu le jour et un réseau de commercialisation – directement géré par les agriculteurs et les artisans qui se sont initiés au commerce et à la gestion – a été mis en place. La vente des produits leur permet d'acheter dans la vallée les denrées qu'ils ne peuvent cultiver sur leurs terres. L'association pilote aussi des campagnes d'éducation des femmes sur l'hygiène alimentaire et corporelle, ainsi que des campagnes de nutrition infantile. La redécouverte et l'exploitation des savoirs populaires, l'enrichissement de la médecine traditionnelle par des connaissances modernes en herboristerie rendent possible l'appropriation de cette éducation à la santé par les populations elles-mêmes. À travers ce projet, c'est autant un processus de développement économique ou social qu'une dynamique d'émancipation populaire qui se sont engagés [89]. Fin de communication.

Fin de communication ? Je ressentais à la fois de l'irritation à me faire ainsi claquer la porte au nez sans même une formule de politesse et, en même temps, cette femme, je l'aurais embrassée. Elle était le maillon qui me manquait.

---

89. Source : Terre des Hommes France, partenaire du projet. Coordonnées de l'association en fin de volume.

Plus qu'une information, elle venait de donner un sens à ma quête, me montrer une voie d'action possible. Tout ragaillardi, je décidai d'aller faire un tour sur la toile par mes propres moyens. Je ne tardai pas à tomber sur une information en provenance du Bengale, dont le contenu devait tout particulièrement me réjouir.

Tout commence à l'école

Avec bientôt plus d'un milliard d'habitants, l'Inde est le deuxième pays le plus peuplé de la planète. Ici comme ailleurs, la croissance rejette dans son sillage un nombre toujours grandissant de laissés-pour-compte qui s'en vont grossir les bidonvilles péri-urbains ou survivent dans des villages coupés de tout, privés de l'accès aux soins médicaux, à l'eau, à l'électricité et à l'éducation. Aujourd'hui un Indien sur deux est analphabète. Or, sans une éducation de base, impossible d'accéder à une réelle autonomie. Ce n'est du reste pas un hasard si le secteur de l'éducation est l'un des plus touchés par les plans d'ajustement structurels des institutions financières internationales.

Au Bengale, dans le Delta du Gange, quatre-vingt pour cent des habitants sont des paysans sans terre qui ne trouvent du travail que trois à quatre mois par an et sont à la merci des grands propriétaires terriens et des usufruitiers qui s'enrichissent de leurs dettes. Grâce à une association locale, Mass Education[90], cette relation de dépendance est pourtant en train de changer. En quinze ans, pas moins de cinquante écoles ont été construites avec l'aide de la population, permettant d'assurer la scolarisation de sept mille élèves sur un territoire touchant environ trois cent

---

90. Source : Terre des Hommes France, partenaire du projet.

villages. Les travaux pratiques, le sport, les arts, la compréhension du milieu dans lequel ils vivent, tiennent une grande place dans l'enseignement dispensé aux enfants. À travers des comités d'éducation, les parents s'impliquent dans la vie des écoles. Par le théâtre de rue, les élèves font à leur tour passer des messages sur l'hygiène, l'alimentation, les droits de chacun. Avec le temps, le projet initial s'est étendu, recouvrant peu à peu l'ensemble des activités de la région. Dans le domaine de la santé, des consultations homéopathiques ont été créées, un petit hôpital permet de pratiquer les opérations les plus courantes, notamment les accouchements difficiles, et quelques ambulances ont pu être achetées ; un programme de protection maternelle et infantile a également vu le jour et des sessions de vaccinations sont régulièrement organisées. Sur le plan sanitaire, les efforts se sont portés sur la construction de latrines et de puits tubés grâce auxquels un approvisionnement régulier en eau potable peut maintenant être assuré. L'association loue également des motoculteurs et prête ou distribue des semences aux paysans, afin que ceux-ci puissent cultiver pour leur propre compte et améliorer leurs rendements. Une organisation collective assure l'entretien des canaux, des mares et des chemins.

De plus en plus de femmes se regroupent en comités, grâce auxquels elle peuvent apprendre à lire, à calculer, à s'organiser, et participent à un système de prêts et d'épargne qui les aide à mieux gérer leurs faibles ressources et à investir. « Notre comité des femmes existe depuis trois ans, explique l'une d'entre elles. Grâce aux prêts, je peux vendre du riz décortiqué. J'ai fait des économies pour l'éducation des enfants. J'élève des poulets, des canards et du poisson. J'ai motivé des femmes de mon village à ce programme d'économies. Je serais intéressée pour participer au conseil municipal du village. »

Mass Education – qui reçoit aujourd'hui l'aide d'associations de solidarité internationale – vise à terme son autonomie financière. L'association a acheté des champs où ses membres peuvent cultiver du riz et des légumes et ouvert une boulangerie. Une partie de sa production est vendue, l'autre alimente les cantines des écoles.

*

Le lendemain je retrouvai ma correspondante anonyme. J'avais l'impression que sa présence apportait un souffle nouveau à mon ordinateur. Ce matin-là, un vent chaud venu d'Afrique balayait la montagne.

– Quand as-tu entendu parler du Sahel la dernière fois ?

– Je ne sais plus exactement, c'était il y a quelques années, à l'occasion d'une grande sécheresse, il n'y avait plus rien à manger et la télévision nous a montré des enfants très maigres avec des ventres gonflés. Je crois que c'est une région tellement pauvre et aride qu'elle ne pourra malheureusement jamais se passer de l'aide alimentaire internationale.

– Situé entre le Sahara et la forêt tropicale, le Sahel s'étend sur neuf pays et compte quarante-cinq millions d'habitants qui vivent en majorité de l'agriculture et de l'élevage. Les pluies y sont irrégulières, générant de fortes disparités entre régions, lesquelles connaissent tour à tour des excédents de céréales et des pénuries. Le Sahel pourrait très bien se nourrir lui-même si l'aide alimentaire internationale justement ne venait étouffer ses capacités en maintenant les populations en position d'assistés. Tandis que les pays occidentaux y déversent gratuitement leurs excédents de blé (financés par les contribuables), des paysans vivant dans des régions proches d'une zone menacée par la famine ont des céréales à vendre mais ne peuvent les mettre sur le marché faute de circuits commerciaux efficaces. Plus que la production ce sont ici la répartition et la commercialisation des récoltes qui sont défectueuses[91].

Décidés à retrouver leur autonomie et à assurer eux-mêmes la sécurité alimentaire de leurs villages, les paysans sahéliens ont commencé depuis une quinzaine d'années maintenant à se réunir en diverses associations, coopératives et groupements villageois. Dans une région où les moyens de communication demeurent largement insuffisants, l'émergence de réseaux d'organisations paysannes et leur connexion avec les marchés urbains, constituent une première réponse à une meilleure redistribution des ressources. Grâce à un système de crédit rural, les organisations paysannes achètent du mil à leurs adhérents quand ils ont des surplus et, en cas de mauvaise récolte, vont s'approvisionner auprès d'autres communautés. Les prix pratiqués leur permettent de réaliser un bénéfice tout on veillant à ce que les denrées restent accessibles aux plus démunis. Comme chez les Hna Hnus, dont je t'ai parlé hier, des associations locales assurent une formation continue à la gestion, la négociation et la commercialisation, ainsi qu'au stockage. Depuis le début des années quatre-vingt-dix, des Bourses aux céréales, nationales et régionales, permettent aux paysans de s'approvisionner mutuellement

91. Source : Afrique verte, partenaire du projet. (Coordonnées en fin de volume).

entre groupements excédentaires et déficitaires, mais aussi de se concerter, de définir des objectifs communs et de créer de nouvelles formes de coopération. Aujourd'hui une centaine d'organisations paysannes liées aux réseaux Afrique verte du Niger, Burkina Faso et Mali commercialisent en moyenne cinq mille tonnes de céréales par an.

– Il y a une chose que je ne comprends pas, dis-je, depuis le début de mon enquête, tout le monde tape à bras raccourcis sur le libre-échange et maintenant vous me dîtes que le Sahel peut s'en tirer en pratiquant de meilleurs échanges.

– Ce ne sont pas les échanges qui sont critiquables. L'échange est ce qui fonde les sociétés humaines, c'est par l'échange que les groupes et les individus s'épanouissent et s'enrichissent. Ce qui est condamnable dans le concept de libre-échange c'est justement qu'il ne soit pas libre (car qui, hormis le plus brutal, peut se déclarer libre dans un monde sans règles ?). Mettre en concurrence forcée des individus et des sociétés qui n'ont ni les mêmes moyens techniques, ni les mêmes modes de vie, ni surtout les mêmes aspirations, ne relève pas de l'échange mais d'un rapport de domination et d'exploitation. Ici le plus fort s'enrichit au détriment du plus faible. Mais surtout, que deviennent – dans un système qui repose exclusivement sur la notion de profit – les autres termes de l'échange, ceux précisément qui favorisent l'épanouissement du groupe et des individus : le service rendu, le don, le savoir partagé, les actions communautaires, les modes de coopération ? Au Sahel, comme tu as pu le voir, les organisations paysannes se montrent soucieuses de garantir aux plus démunis l'accès aux ressources. Grâce à cette régulation – on pourrait dire cette humanisation de l'ordre économique – chacun peut prospérer et participer ainsi à son tour au bien-être de la communauté. Ce n'est pas l'échange qui est à condamner, pas plus que l'échelle à laquelle il se pratique, c'est le cadre sociopolitique malsain dans lequel il se développe depuis un demi-siècle[92].

– Nous devons donc changer ce cadre ?

– Bien sûr.

– Mais comment puisque ce ne sont plus les États qui gouvernent mais des réseaux d'entreprises transnationales ?

– Crois-tu que ce soit leur rôle ?

– Non, évidemment.

– Et crois-tu que ce soit une volonté délibérée de puissance de leur part qui les ait conduites à s'emparer ainsi de la maîtrise de l'économie mondiale[93] ?

– C'est ce qu'il m'a semblé comprendre au cours de mon enquête.

– Ce n'est pas aussi simple. À la vérité, évoluant au sein d'un système où la concurrence est la norme, les entreprises ne pouvaient faire autrement que de s'adapter aux mutations de leur environnement. Un grand groupe qui prend aujourd'hui le contrôle d'un de ses concurrents, se débarrasse d'une partie de ses salariés ou impose ses conditions à un État sous menace d'aller s'établir ailleurs, ne fait rien d'autre que de se plier à des contraintes qui s'imposent à lui et conditionnent sa survie. Quant aux hommes et aux femmes – surtout aux hommes du reste – qui viennent y assouvir leur soif de

92. Lire *La Fin du développement,* François Partant, Actes Sud.

93. Lire *Une nouvelle alliance planétaire : État-Entreprise*, Ricardo Petrella. Dans : *Le Social et les paradoxes du chaos,* entretiens avec Guitta Pessis-Pasternak, Desclée de Brouwer.

puissance, rien ne permet d'affirmer que ceux qui en subissent les effets aujourd'hui, à commencer par toi et moi, agiraient différemment à leur place. On voit suffisamment d'opposants vindicatifs retourner leur veste à peine installés au pouvoir, pour qu'il soit en tout cas permis de se poser la question. En fait le problème vient moins des entreprises elles-mêmes, que de l'incapacité dans laquelle se trouvent depuis maintenant cinquante ans les États-nations à s'adapter aux mutations de l'économie et de la société. Après avoir lancé leurs entreprises à l'assaut de la planète, les États en sont désormais réduit à leur offrir les moyens de leur compétitivité à l'échelle mondiale. Et quand cette compétitivité en vient à s'exercer au détriment de leurs propres peuples, ils ne peuvent plus que contempler impuissants les dégâts. Seule désormais notre capacité collective à réinventer de nouvelles formes de régulation politique à l'échelle du monde pourra nous permettre de renverser la tendance et d'éviter le pire.

– Vous voulez dire... ?

– Je veux dire qu'en l'absence d'une organisation politique mondiale, basée sur des mécanismes de démocratie représentative, il ne nous restera d'autre choix que de plonger tête première dans un bain de sang planétaire, ou d'accepter de vivre dans des sociétés fascistes où les quelques méga-entreprises ayant survécu à la monstrueuse empoignade, s'accorderont entre elles pour définir les règles économiques, sociales, culturelles et législatives qu'elles imposeront à l'ensemble des peuples, à charge pour les États d'assurer eux le maintien de l'ordre.

– Mais c'est une utopie ! Vous me racontez des histoires de grains de sable et ensuite vous me parlez de l'avènement d'un gouvernement mondial. Ce n'est pas en ajoutant bout à bout des histoires de villages que nous allons réussir à transformer le monde.

– Tu connais l'histoire du tas de sable justement ? C'est une expérience qui relève de la mécanique des fluides. Tu fais tomber un grain de sable sur un tas. À première vue il ne se passe rien, pourtant le grain en a déplacé disons deux autres et mis un troisième en équilibre. Tu en fais tomber alors un second qui va lui en déplacer à son tour disons cinq et en mettre trois autres en équilibre. Tout le temps que dure l'expérience, quasiment rien ne se passe de visible à l'œil nu. Pourtant, insensiblement, le tas modifie sa structure. Un grain après l'autre, il se rapproche toujours plus de ce que les scientifiques appellent sa « masse critique ». Quand celle-ci est atteinte, il suffit alors d'un seul grain pour que le tas s'écroule.

– Et vous pensez qu'un individu plus un individu plus un village… ?

– Les sociétés empruntent pour se transformer de mystérieux chemins qui nous demeurent invisibles et n'impriment aucune image sur nos écrans de télévision. Comme pour les entreprises, comme pour n'importe quel organisme vivant, seule la nécessité (ou la prise de conscience d'un dysfonctionnement) peut amener un individu ou une société à se transformer. Or aujourd'hui, dans ce que nous sommes convenus d'appeler la mondialisation, il existe beaucoup plus d'exclus que d'inclus. Ce qui veut dire que de plus en plus de gens se trouvent dans l'obligation de changer leur cadre même de pensée, non pas pour s'adapter au système – car cela n'est pas possible : le niveau de contrainte atteint est tel désormais que seul un tout petit nombre peut y trouver sa place – mais pour créer un autre système dans lequel il lui sera possible de vivre. En passant d'un système à l'autre, chaque grain modifie l'état d'équilibre de l'ensemble. Quand la masse critique sera atteinte, l'ancien monde s'écroulera et celui qui est en train de naître sous nos yeux prendra sa place. Au reste nous n'en sommes plus à l'échelle du village, ce sont aujourd'hui des pays entiers qui manifestent leur désir d'une nouvelle vision politique du monde. Peut-être pouvons-nous – nous qui sommes encore inclus dans l'ancien système mais avons pris conscience de ses dysfonctionnements – nous ranger au rang de leurs alliés. J'aimerais pour t'en convaincre te communiquer un extrait de la déclaration faite par Nelson Mandela à l'occasion précisément de la commémoration du cinquantième anniversaire de la signature du GATT par son pays [94] :

> « L'occasion mémorable qui nous réunit aujourd'hui est riche des ironies de la seconde moitié du XXe siècle. Au moment où la communauté internationale s'efforçait laborieusement d'établir un ordre nouveau au milieu des décombres d'une guerre menée au nom des principes universels de la liberté, seuls deux pays d'Afrique signèrent l'accord originel du GATT. […] À l'époque, ces deux pays (aujourd'hui le Zimbabwe et la République Sud-Africaine) faisaient partie de l'empire britannique, subissant une autorité coloniale d'une nature ou d'une autre. Nous n'avons pas à nous demander pourquoi ces pays en particulier ont accédé au GATT. Nous savons bien en revanche que les populations d'Afrique ne furent pas consultées. La vaste majorité des Sud-Africains, dont moi-même,

94. Déclaration de Nelson Mandela, Afrique du Sud, mai 1998.

n'avions pas le droit de vote et étions totalement exclus de toute décision de cet ordre. […] Dans l'introduction de l'Accord il était écrit : « *Les rapports dans le domaine commercial et économique doivent être orientés vers le relèvement des niveaux de vie, la réalisation du plein emploi et d'un niveau élevé et toujours croissant du revenu réel […]* » Ces nobles sentiments auraient eu notre agrément à l'époque comme ils l'ont aujourd'hui. Ce qui est cruel c'est qu'ils ne correspondaient pas à la réalité dans mon pays – ni pour l'ensemble de notre continent, ni en fait pour la plus grande partie de l'humanité. Dans le cas de l'Afrique du Sud, il a fallu poursuivre la lutte pendant quarante-sept ans avant qu'il y ait une élection démocratique. Pendant ces quarante-sept années, l'Afrique du Sud s'est activement livrée au commerce, illustrant parfaitement, si cela était nécessaire, le fait que le commerce ne suffit pas pour créer un monde meilleur. […]

Les règles doivent être appliquées sans crainte et sans complaisance, mais si elles contiennent des prescriptions auxquelles tous ne peuvent se conformer, ou si les résultats ne profitent qu'à un trop petit nombre, elles engendreront l'injustice. Il est donc prudent de se souvenir que, si nombreuses que soient les règles ou les mesures mises en œuvre pour les appliquer, elles ne viendront pas à bout de ceux qui, dans leur lutte, ont la justice pour eux. Cela aussi fait partie de notre expérience, et de l'expérience des peuples du monde entier. […] Si l'OMC sert à défendre les structures de production actuelles, elle échouera. […]

Il y a cinquante ans, lorsque les fondateurs du GATT évoquaient le rapport entre le commerce, la croissance et une vie meilleure, rares étaient ceux qui auraient pu prévoir la pauvreté, le dénuement et le chômage que l'on connaît aujourd'hui. Rares étaient ceux qui auraient pu imaginer que l'exploitation des abondantes ressources mondiales et la croissance prodigieuse du commerce mondial élargiraient le fossé entre riches et pauvres. Rares encore étaient ceux qui auraient pu prévoir le fardeau de la dette de nombreuses nations pauvres. Au moment où nous célébrons ce qui a été réalisé dans l'élaboration du système commercial mondial, engageons-nous à ne ménager aucun effort pour travailler ensemble, de manière à ce que les principes auxquels nous adhérons tous se concrétisent partout dans le monde. [...] »

Je voudrais juste ajouter ici que lorsque Nelson Mandela parle d'« expérience », ce ne sont pas des paroles en l'air. Un homme qui se retrouve chef d'État après avoir passé trente ans de sa vie en prison pour opposition à un régime injuste et sanguinaire, prouve qu'il existe des utopies plus réalistes que certaines visions qualifiées abusivement de pragmatiques. Ce que l'on appelle la *real politic* – autrement dit en Français : la politique réaliste – n'est jamais rien d'autre, au pire qu'une volonté de maintenir les choses en l'état, au mieux qu'un aveu d'impuissance à changer le monde. Lequel changera de toute façon.

10
LUTTER ENSEMBLE

« Il faut créer de nouvelles solidarités entre les travailleurs du Nord et du Sud. Il faut que les gens du Nord comprennent pourquoi ils perdent leurs emplois. Quant aux gens du Sud, il faut qu'ils comprennent qu'ils sont déplacés et appauvris par les mêmes groupes économiques internationaux. Alors seulement ils trouveront les moyens de lutter ensemble[95]. »

Vandana Shiva

Après tant d'horreurs avalées, j'avais l'impression de commencer à revivre. Ainsi il se trouvait, partout dans le monde, des gens qui ne baissaient pas les bras, qui retroussaient leurs manches pour creuser des canaux d'irrigation et amener l'eau dans leur champ, des chefs d'État qui tenaient des propos sensés, des femmes et des hommes qui, plutôt que de s'entre-dévorer, choisissaient de construire ensemble des modèles de sociétés plus justes. Bien sûr je n'étais pas naïf, je savais que le rapport de forces était loin encore d'avoir changé de camp et que le monde restait pris dans une spirale dangereuse, mais il existait des signes indiquant que le processus avait commencé à s'inverser.

Ce matin-là je n'avais pas de contact électronique mais un véritable rendez-vous physique. J'avais fini par craquer. Ne supportant plus de vivre dans la dissimulation,

---

95. *Femmes et Changements*, Octobre 98.

j'avais révélé le contenu de mes activité secrètes à Max et Laurence qui n'en avaient pas eu l'air vraiment surpris. Laurence m'avait même proposé de m'informer sur des « Systèmes d'échange local » auxquels elle avait eu l'occasion de participer et qu'elle envisageait de mettre en place à l'échelle du village. Du coup, l'idée d'un complot était revenue me hanter de plus belle. Me rendant à l'atelier d'ébénisterie, je me demandais si elle et Max n'avaient pas inventé de toutes pièces cette histoire d'un groupe de chercheurs disséminés à travers le monde à seule fin de m'éviter de déprimer à cause du chômage. Ils avaient dû garder suffisamment de contacts du temps de leurs voyages pour pouvoir monter une telle opération sans peine. Arobas ! Si tel était le cas, ils devaient bien rigoler dans mon dos. Et ce n'est pas de me voir guetter la boîte aux lettres à la fin du mois dans l'attente de mon chèque qui risquait de leur rendre leur sérieux. Il y avait pourtant quelque chose qui clochait dans mon raisonnement : je ne les connaissais pas depuis si longtemps qu'ils aient pu prendre ainsi à cœur de me soutenir moralement, nous vivions dans un monde de plus en plus dur et je n'étais de loin pas le plus à plaindre. Pourtant, plus je réfléchissais, plus je trouvais cette idée d'enquête incongrue, à commencer par la manière dont je m'étais retrouvé embauché. Ma nature poétique ? Avait-on jamais vu qui que ce soit recruter un collaborateur sur des bases aussi incertaines que sa nature poétique, surtout s'agissant d'un statisticien débarqué de fraîche date. Non, décidément cette histoire n'était pas crédible. Et puis j'avais l'impression que tous ces gens qui m'adressaient des messages et m'alimentaient en informations, se connaissaient entre eux. Habitués de la toile, ils devaient communiquer ensemble de longue date et je ne voyais donc pas ce que je pourrais leur apprendre qu'ils ne sachent déjà. La seule personne à avoir appris quelque chose depuis le début, c'était moi. Ça au moins, on ne pouvait pas dire le contraire, j'en avais appris des choses en moins d'un mois, mais de là à me verser un salaire le trente et un ! Poussant la porte de l'atelier j'étais définitivement persuadé que tous ces messages qui me parvenaient des quatre coins de la planète, partaient d'ici avant de m'être renvoyés depuis je ne savais où. Si les ordinateurs avaient eu la capacité de véhiculer les odeurs, je suis sûr que ma boîte aux lettres électronique aurait senti la sciure.

Mais il suffisait de regarder Laurence quelques secondes pour se rendre compte qu'elle était incapable de la moindre duplicité, même pour la bonne cause.

– Je m'excuse, dis-je.

– À quel sujet ?

– De vous avoir caché la vérité à toi et à Max. Et puis cette histoire de nom de code, maintenant je me rends compte à quel point c'était ridicule. À un moment j'ai même pensé que Max et toi aviez tout organisé à seule fin de m'éviter de sombrer dans la dépression.

Elle me regardait sans sourciller. Elle eut juste un geste de la main pour rejeter ses cheveux en arrière.

– Ce n'aurait pas été une mauvaise idée. Et Clotilde, y as-tu pensé ?

Pour le coup j'étais soufflé.

– Clotilde ?

– Bien sûr Clotilde, qui d'autre aurait eu plus intérêt qu'elle à ce quc tu restes vivre au pays ?

Disant cela elle ne souriait même pas. Enfin si, au fond de ses yeux, je voyais bien qu'elle souriait.

– De toutes façons, tu le sauras bientôt, conclut-elle. D'après ce que j'ai compris ton chèque ne devrait pas tarder à arriver. Et au cas où il n'y en aurait pas, suffisamment de choses sont en train de se passer au village pour que tu puisses sans peine y trouver ta place. Peut-être pourrais-tu commencer par mettre les résultats de ton enquête par écrit, je suis sûre que cela intéresserait un tas de gens.

– Tu veux dire, un livre ?

– Un livre, un journal, un exposé, une pièce de théâtre, des débats… c'est comme tu veux. L'important est de multiplier les outils d'information, et aussi d'ouvrir des pistes pour l'espoir.

– Justement, tu devais me parler ce matin des Systèmes d'échange local.

– Les premiers SEL ont vu le jour dans les années soixante-dix au Canada, dans la région de Vancouver [96] qui connaissait alors un fort mouvement de retour à la terre, avec des expériences coopératives et communautaires. À cette époque, de plus en plus de gens se retrouvaient au chômage à cause de la fermeture des mines. Comme toujours les modèles innovants naissent d'une nécessité et se développent à la marge du système dominant. Quelqu'un qui a besoin d'une table par exemple et qui dispose de revenus suffisants pour se l'acheter, ne va pas consacrer une partie de son temps et de son énergie à chercher comment il pourrait l'acquérir autrement qu'en la payant. Il va voir un ébéniste et lui passe commande selon son désir et ses moyens. Mais pour un chômeur en fin de droits, ce n'est pas aussi simple. Le plus souvent

96. Source : *SEL mode d'emploi*, Éd. SEL'idaire. Coordonnées en fin de volume.

celui-ci se passera de la table au motif qu'il n'a pas les moyens de se l'offrir. Pourtant ce n'est pas parce qu'il n'a ni travail ni argent, qu'il n'a rien à échanger. Il peut par exemple aimer bricoler, peindre des tableaux, écrire des lettres, parler anglais ou raconter des histoires aux enfants, toutes choses qui intéressent sûrement d'autres personnes qui n'ont peut-être elles non plus pas les moyens de se les offrir.

– Je comprends, tu veux dire qu'ils peuvent alors procéder à une sorte de troc.

– Dans le troc, deux personnes s'échangent au même moment deux biens ayant approximativement la même valeur. Un Système d'échange local regroupe lui un plus grand nombre de gens, quelques centaines en général, (ce qui permet d'avoir un éventail beaucoup plus important de richesses à partager), en outre les échanges s'échelonnent dans le temps et concernent des biens de valeurs différentes.

– Dans ce cas une monnaie est obligatoire.

– Bien sûr. Mais c'est une monnaie locale, qui ne vaut qu'entre les membres du groupe et ne peut être capitalisée : elle ne produit aucun intérêt et ne permet donc pas d'en gagner plus sans rien faire. Elle redevient ainsi ce qu'elle n'aurait jamais dû cessé d'être : un outil permettant de réaliser une transaction. On oublie du reste souvent que jusqu'au XIXe siècle, les monnaies locales étaient la règle pour le commerce de proximité, les monnaies internationales ne servant elles que pour les transactions avec l'étranger. Ce système financier à plusieurs niveaux permettait aux villes et aux régions de maintenir leur cohésion et leur sécurité économique, tout en réalisant des échanges entre elles. Rien d'étonnant donc, à ce qu'à une époque d'insécurité économique et de perte de la cohésion sociale, certains parmi les plus touchés renouent ainsi avec des méthodes jadis éprouvées.

– Comment peut-on se procurer cette monnaie ?

– L'avantage par rapport à la monnaie officielle est qu'on n'est pas obligé d'en posséder pour pouvoir commencer à participer aux échanges. Tout nouvel adhérent au groupe démarre avec un compte à zéro. À chaque échange son compte est crédité ou débité selon qu'il donne ou reçoit. Et comme tous les échanges se passent à l'intérieur du groupe, le solde des comptes de tous les adhérents est toujours égal à zéro. Le système repose essentiellement sur la confiance des adhérents entre eux. François Plassard, membre du SEL Cocagne Toulouse, raconte quelques situations d'échanges : « Si Olivier, berger dans les Pyrénées, a pu se faire aider pour reconstruire sa bergerie d'alpage par des adhérents de Cocagne, c'est parce que cinq autres adhérents depuis un an à Toulouse lui prennent chaque mois un agneau réglé en unité de compte « cocagne ». La montagne est grande, sous pâturée, et Olivier n'en est pas à quelques brebis de plus à condition de pouvoir les écouler ! Et si ces adhérents de cocagne, malgré leur faible revenu, ont pu s'offrir de la viande d'agneau, c'est parce qu'eux aussi rendent des services ponctuels à d'autres membres de l'association. L'un d'entre eux est venu réaliser une aquarelle de mon jardin que j'ai pu m'offrir parce que je prête ma voiture à la journée et donne des cours d'accordéon [97]. »

– Mais est-ce que cela ne vient pas concurrencer les commerçants établis, ceux qui payent des taxes et des charges ?

---

97. *Le SEL, à quelle distance entre l'économie de marché et l'économie non monétaire de don et de réciprocité ?* François Plassard, SEL Mode d'emploi.

– L'expérience démontre que les échanges pratiqués à l'intérieur des SEL ne sont pas soustraits à l'économie formelle : ce sont des biens et des services produits en plus et qui ne l'auraient pas été dans le cadre classique du marché, pour la simple raison que les partenaires n'en auraient pas eu les moyens et qu'aucune banque n'aurait accepté de leur consentir un crédit. En tout état de cause, l'argent qu'Olivier n'a pas donné à l'artisan maçon restera dans le circuit commercial traditionnel, il pourra s'en servir pour se soigner ou s'acheter des vêtements : il n'y a pas d'argent qui disparaît dans ce système mais simplement de nouvelles richesses qui sont créées. Et pas seulement des richesses économiquement quantifiables : au-delà de l'échange motivé par la nécessité de survivre parce que l'on n'a plus de revenus, des liens se tissent, les gens prennent l'habitude de se rencontrer, d'établir de nouveaux rapports entre eux, tout le monde se rend compte qu'il a quelque chose à offrir. Le SEL présente en outre l'avantage de revitaliser l'économie locale sans avoir besoin de faire appel à des capitaux extérieurs ; il réduit les importations, le gaspillage et la pollution liée aux transports. « Sans argent, sans banque, dit François Plassard, nous avons pourtant produit de la société, des liens nouveaux prometteurs d'autres échanges [...] Dans les régions marginalisées par la croissance et les flux du marché, les SEL recréent les conditions d'un échange local où l'effort de l'un est valorisé par l'autre à l'abri de la compétition mondiale. » Il remet en circulation des biens, des services, des savoirs déclassés, exclus des échanges du marché mondialisé. « En intensifiant les échanges en « circuits courts » de personnes à personnes, de nouvelles richesses se créent et se tissent, de nouvelles qualités s'inventent qui n'auraient pas pu naître dans le cadre d'un marché ouvert à toute concurrence extérieure [98]. »

– Est-ce qu'il en existe beaucoup ?

– En France il se crée aujourd'hui un SEL chaque semaine. Alors que le premier n'a été fondé que fin 1994, on en compte désormais trois cent-soixante, qui concernent trente cinq mille personnes. En Grande Bretagne il en existe trois fois plus. Au Japon, on recense dans le même ordre d'idée pas moins de deux cent soixante-dix mille associations autonomes qui fournissent toutes sortes de services à leurs membres, assistent ceux qui ont des problèmes d'argent, de logement ou de santé et vont jusqu'à leur fournir des matériaux pour construire leur maison en chantier d'entraide. Au Sénégal, Serge Latouche raconte l'expérience du Grand Yoff, près de Dakar, où cent mille exclus vivent largement de leur autoproduction, sans création de monnaie, grâce à la densité de réseaux sociaux dits néo-claniques : « La ville populaire réinventée par les exclus est un lieu d'agriculture et d'élevage urbain et, pour Dakar, de pêche, en même temps qu'un lieu de production et d'échanges de biens artisanaux et surtout de services de toutes natures. » Par-dessus tout, l'auteur y observe « l'importance du temps, de l'énergie et des ressources consacrées aux relations sociales. [...] Prêter, emprunter, donner, recevoir, s'entraider, passer commande, livrer, se renseigner supposent des rencontres, des visites, des réceptions, des discussions. Tout cela prend un temps considérable et occupe une partie importante de la journée, sans parler du temps consacré à la fête, à la danse, au rêve ou au jeu... les tâches d'exécution sont

98. Idem.

souvent exécutées littéralement à des moments *perdus*. S'il y a urgence pour boucler une commande, on peut toujours travailler la nuit ou se faire aider par un collègue inoccupé [99]. »

– « Les hommes n'ont plus de temps pour s'apprivoiser et créer des liens », dit le renard du *Petit Prince* de Saint-Exupéry.

– Et « c'est parce qu'ils manquent de temps qu'ils achètent des choses toutes faites chez le marchand, » ajoute-t-il plus loin [100]. C'est pourquoi toutes ces formes d'auto-organisation qui se multiplient un peu partout à travers le monde et fonctionnent – à l'inverse du modèle dominant centré lui sur la notion de profit et d'avoir – sur le don, la réciprocité et le temps partagé, peuvent être les « bancs d'essais possibles d'une économie nouvelle, humanisée et conviviale [101]. »

– Des bancs d'essai ? Est-ce que tu veux dire par là que ces modèles innovants comme tu les appelles pourraient devenir demain la règle ? demandai-je à Laurence.

– Bien entendu. On peut même dire que, sur un plan historique, ils sont la règle. Reste à établir le cadre général, et le moins que l'on puisse dire à ce sujet est que les pistes à explorer ne manquent pas. Seuls quelques personnages peu scrupuleux, ou particulièrement ignorants, peuvent écrire sans rougir que, contrairement à la démocratie, le capitalisme ne peut s'effondrer car il est l'état

---

99. Lire *La monnaie au secours du social ou le social au secours de la monnaie,* revue Silence (dans SEL Mode d'emploi, opus cité).

100. Cité par François Plassard, opus cité.

101.*Zobmi gouté sel, li pa mandé rété !* François de Ravignan, idem note 99.

naturel de la société [102]. Comme s'il existait un « état naturel » de la société ! Il ne faut pourtant pas se voiler la face : les intérêts en jeu sont énormes. C'est grâce au système monétaire unifié tel que nous le connaissons aujourd'hui, et dans lequel l'argent est considéré non comme un outil d'échange mais comme une marchandise, qu'un petit nombre a pu ainsi mettre sans vergogne la main sur la plus grande partie des ressources de la planète. Or ces personnages, brutaux et sans scrupule, contrôlent désormais quasiment tous les centres de décision : économiques, médiatiques, répressifs. Pourtant nous sommes incroyablement plus nombreux qu'eux et, comme aurait pu le dire ici Nelson Mandela, rien ni personne ne pourra jamais venir à bout de ceux qui dans leur lutte ont la justice pour eux.

---

102. « *Le capitalisme ne peut s'effondrer, c'est l'état naturel de la société. La démocratie n'est pas l'état naturel de la société. Le marché oui.* » Alain Minc, cité par *L'AMI, non merci !* Opus cité.

ÉPILOGUE
SOLSTICE D'ÉTÉ AU VILLAGE

« La quête d'avenir, ce désir de trouver les voies pour sortir de l'impasse a commencé. Fin du travail, dépassement de l'ère salariale, nouveaux modèles de développement, nouvelles règles de vivre ensemble sur la petite planète bleue. Autant de pistes où commencent à s'affronter philosophes, sociologues, économistes, citoyens mais d'où sont étrangement absents les officiels de la politique. Les lumières doivent croiser les savoirs pour éclairer l'utopie du présent. Le monde doit changer de base, s'extirper des règles imposées par le grand jeu du Monopoly qui menace la planète. Demain n'est pas écrit. Il est urgent d'endiguer, de stopper la progression qui semble inéluctable de la gangrène planétaire des marchands[103]. »

Richard Dethyre

Il est cinq heures du matin. Assis sur le Dos rond du buffle, je regarde le jour se lever. Ce sera le jour le plus long de l'année. Le dernier jour le plus long de l'année de ce millénaire. Mais qu'est-ce au juste qu'un millénaire ? Cela tient à si peu de choses. À une façon comme à une autre de compter les heures et les jours. Au choix aussi d'un événement fondateur. Pour les Chinois, les Juifs, les Musulmans et bien d'autres encore sur cette terre, aucun passage d'un millénaire à un autre ne va se produire en cette fin de la mille neuf cent quatre-vingt-dix-neuvième année de l'ère chrétienne.

---

103. *Chômeurs, la révolte ira loin*, Richard Dethyre, La Dispute.

Mais pour nous, oui. Nous allons commémorer la venue sur terre d'un homme qui a prononcé des paroles comme : « Il est plus facile à un chameau de passer par le trou d'une aiguille qu'à un riche d'entrer au royaume des cieux » ou encore « Aimez-vous les uns les autres comme je vous ai aimé ». On peut donc s'attendre à ce que se multiplient, à cette occasion, les encouragements à la pauvreté et à l'amour.

Je plaisante bien sûr. Il m'arrive à moi aussi de regarder la télévision, grâce à quoi je connais le nombre estimé de bouteilles de champagne devant être bues cette nuit-là et leur répercussion sur notre balance commerciale ; récemment un journaliste s'inquiétait de savoir s'il y en aurait assez pour tout le monde ! J'ai également eu connaissance d'un projet russe, il paraît que les Russes ont une foule de problèmes très sérieux à régler, pourtant ils ont quand même eu le temps de penser à mettre un satellite chargé de feux d'artifices en orbite en vue d'illuminer depuis l'espace les grandes capitales du monde à minuit heure locale. Et les journaux télévisés ont pris eux le temps d'en parler car, comme ils aiment souvent à le dire, l'actualité prime sur tout le reste.

Au village aussi nous avons un projet. Quelque chose de tout simple au demeurant et de pas très différent de ce qui va se passer un peu partout ailleurs dans le monde à la même heure : un repas. Nous allons manger ensemble : tous ceux du village, plus les gens de la vallée qui voudront se joindre à nous. Ce sera notre premier repas entièrement réalisé avec nos produits. Il sera composé principalement de légumes (la première récolte est prévue pour cet été) et de volailles. Pour les truites et les moutons, il nous faudra attendre encore un peu, mais ici personne ne semble vraiment pressé. Le temps finalement a une durée toute relative, cela dépend, je crois, de la manière dont on l'occupe. Les épices, le café, le thé, les noix et le chocolat nous parviendront depuis l'Afrique et l'Amérique latine par Artisans du monde. Les premières livraisons ont déjà commencé à arriver. Fine est rayonnante. Depuis qu'elle ne prend plus de sucrettes, elle a perdu dix bons kilos. Ses nouveaux produits ont suscité un tel enthousiasme qu'elle se demande si elle ne va pas acheter une fourgonnette pour organiser une tournée jusque dans la vallée. Je lui ai déjà trouvé un jeune chômeur marseillais pour venir l'assister.

Comme me l'avait prédit Laurence, il s'est produit un tel accroissement d'activités que je commence à être débordé de sollicitations. Je pense bientôt m'installer à mon compte. Ma société s'appellera Arobas, pour : Assistance à la Réalisation d'Objectifs Basés sur l'Autonomie et la Solidarité. Ma connaissance des réseaux électroniques me sera précieuse : l'émergence d'une « conscience de groupe » à l'échelle du village, nous a conduit, plutôt qu'à nous refermer sur nous-mêmes, à nous ouvrir au reste du monde ; c'est comme si, en nous forgeant une nouvelle identité collective, nous nous étions libérés de la peur des autres. Maintenant, quand des randonneurs garent leurs voitures sur la place, il se trouve toujours quelqu'un pour les accueillir. Nous avons constitué une petite caisse commune qui nous permet de leur offrir une consommation et les anciens en profitent pour leur parler de la montagne, de ce qu'elle représente pour nous et de ce qu'elle peut leur révéler comme richesses s'ils savent y être attentifs. Du coup, les visiteurs restent un peu plus longtemps avant de partir en ballade et on a pu ouvrir un petit point de restauration. Quant à moi je n'ai plus jamais trouvé le moindre emballage vide sur le chemin.

Il ne se passe plus une semaine sans qu'un nouveau projet ne voit le jour. Pour le dernier en date, je me suis trouvé replongé bien malgré moi dans le monde des chiffres auquel je croyais pourtant avoir définitivement tourné le dos. Quand la femme de la vallée au chômage a voulu créer sa ferme piscicole, aucune banque n'a accepté de la soutenir. Il y avait bien cet homme qui disposait d'un petit capital et s'était dit prêt à l'investir sous condition que l'environnement soit respecté, mais cela ne suffisait pas. À la réunion qui a suivi, le maire qui était cette fois présent, a proposé que nous nous mettions à plusieurs pour réunir les fonds nécessaires. Chacun n'aura qu'à épargner selon ses moyens, a-t-il suggéré, et s'il en reste on s'en servira pour d'autres opérations. Tout le monde s'est alors tourné vers moi pour me demander comment on devait procéder, comme s'il était naturel qu'un ex-statisticien se reconvertisse en banquier pour les besoins de la cause.

En cherchant sur Internet j'ai été surpris de trouver un assez grand nombre de structures répondant à nos attentes. Nous avons finalement opté pour la formule des Cigales[104] : chaque membre place tous les mois une somme entre cinquante et trois mille francs sur un compte commun et le capital est investi dans la création d'une entreprise de proximité. Les Cigales adhèrent à une charte éthique par laquelle elles s'engagent à « développer une pratique différente de l'utilisation du capital

104. Club d'investisseurs pour une gestion alternative et locale de l'épargne. Il en existe aujourd'hui plus de deux cent en France, qui gèrent une épargne de plus de douze millions de francs et on permis de créer près de quatre cent entreprises. Voir en fin d'ouvrage.

et à inciter à toujours plus de démocratie économique et de démocratie locale ».

Une « pratique différente », je crois que ce terme a suffi à emporter l'adhésion de tous au village. Nous ne demandons rien d'autre aujourd'hui que le droit de vivre à notre rythme et selon nos modes. Pourtant, si cette revendication nous paraît légitime, elle ne l'est pas forcément pour tout le monde. Récemment, alors que nous nous opposions avec nos amis de la vallée à l'installation d'une cimenterie – qui, sous couvert de nous apporter des emplois, nous promettait surtout des nuisances – nous avons eu la surprise de recevoir la visite d'un ethnologue. Les dirigeants de la société – vivant eux loin d'ici et n'escomptant que des bénéfices de l'opération – étaient tellement déroutés par les arguments que nous leur opposions (beauté du paysage, qualité de l'air, de l'eau et du silence) qu'ils ont pris la peine de nous envoyer un spécialiste de l'étude des sociétés afin de nous observer d'un peu plus près[105] !

– On aurait dû le manger, dit Clotilde en riant.

Elle est allongée à côté de moi, sur la roche lisse ; ma main repose sur son ventre, à l'écoute des vibrations de la vie. Hier, quand elle a proposé de m'accompagner, je lui ai opposé que ce n'était pas raisonnable vu son état. Elle m'a alors dit que si je commençais à me comporter comme un demeuré dès la huitième semaine, elle risquait de ne pas tenir jusqu'au bout. Un peu plus tard dans la soirée j'ai eu droit à un petit topo de Max – qui n'en est pas lui à son premier – et du coup je sais mieux

105. Pour le lecteur qui trouverait ici la ficelle un peu grosse, l'auteur tient à préciser qu'il s'agit d'une histoire vraie.

à quoi m'en tenir. Je pense que si l'on portait un peu plus d'attention aux pères pendant la grossesse, les enfants s'en trouveraient mieux accueillis. Ce n'est pas parce que nous passons notre temps à faire les malins et que nous ne souffrons pas dans notre corps au moment de l'accouchement, qu'il faut croire que l'opération soit forcément sans douleur pour nous.

– De qui parles-tu ? demandai-je à Clotilde.

– De l'ethnologue, je sais que tu penses à lui. Ta main te trahit. Ça te rend furieux cette idée qu'il soit venu nous regarder sous le nez pour voir s'il ne nous restait pas des bouts d'os plantés dedans.

– Et toi, ça ne te mets pas en colère ?

– Moi, si tu savais comme je m'en fiche. Si ça les amuse de perdre leur temps, du moment qu'ils ne m'empêchent pas de vivre comme je l'entends.

– Tu dis ça, mais imagine qu'il n'en vienne pas un mais dix, vingt, cent. Que l'on se mette soudain à faire fureur chez les ethnologues. Que crois-tu que deviendrait alors notre vie avec tous ces regards collés sur nous toute la sainte journée ?

– Tu as raison, dit-elle, (je sens son ventre se crisper sous ma main) nous ne devons pas accepter une chose pareille.

C'est l'instant que choisit le soleil pour se lever sur l'Aiguière. Nous nous en trouvons tellement éblouis que pendant un moment nous ne pouvons rien accomplir d'autre que de regarder le ciel en silence.

– Laurence m'a convaincu d'écrire un livre, dis-je au bout d'un moment.

– C'est toujours comme ça, sourit Clotilde (je ne la regarde pas mais je sens qu'elle sourit), les femmes mettent des enfants au monde et les hommes, eux, racontent des histoires.

– Ce ne sera pas une histoire, dis-je, mais un livre sur la naissance d'un monde nouveau.

La lumière chaude et dorée qui se déverse depuis le sommet de l'Aiguière, s'écoule sur nous en un flot continu, glissant toujours plus bas vers la vallée. Quand elle atteint le village, la montagne ne peut retenir un hoquet de bonheur. Alors, la voiture du marchand de journaux cale au moment d'aborder le pont.

– J'ai l'impression que la montagne a le hoquet, dit Clotilde qui tient ses yeux fermés.

Puis elle ne dit plus rien. Moi non plus. Ma main posée sur son ventre à l'écoute des hoquets de la montagne, nous nous tenons blottis dans un nid de lumière dorée.

POUR UN NOUVEAU REGARD SUR LE MONDE,

AU HASARD DES RENCONTRES DE L'AUTEUR

Associations

ATTAC (Association pour une taxation des transactions financières),
9 bis, rue de Valence – 75005 PARIS – 01 43 36 30 54
http ://attac.org ; email : attac@attac.org

FEMMES ET CHANGEMENTS
14 passage Dubail – 75010 Paris – 01 44 65 00 66

TERRE DES HOMMES FRANCE
4, rue Franklin – 93200 Saint Denis – 01 48 09 09 76

AFRIQUE VERTE
49, rue de la Glacière – 75013 PARIS – 01 43 36 00 33

MOUVEMENT UN TRAVAIL POUR CHACUN
BP 196-07 – 75326 Paris Cedex 07 – http ://www.pratique. fr/

SEL (Système d'Échange local)
Il existe des SEL partout en France. La liste peut être obtenue contre deux timbres à 3 F auprès de :
SEL'idaire – 09500 Lapenne – 05 61 67 51 01
http ://www.altern.com/sel

LA LIGNE D'HORIZON (association ayant pour objectif de diffuser les analyses de François Partant)
7, villa Bourgeois – 92240 Malakoff

OBSERVATOIRE DE LA MONDIALISATION
COORDINATION CONTRE LES CLONES DE L'AMI
40, rue de Malte – 75011 Paris – 01 41 38 38 17
http ://.ecoropa.org/obs/ ; E-mail : ecoropa@magic.fr

ARTISANS DU MONDE
67, av. de la République – 75011 Paris – 01 49 29 95 15

LA GRANDE RELÈVE : mensuel de réflexion socio-économique pour l'économie distributive.
BP 108 – 78115 Le Vésinet Cedex
http ://perso.wanadoo.fr/grande. releve/

INSTITUT POUR LA RÉLOCALISATION DE L'ÉCONOMIE
14, grand-rue – 30610 Sauve – 04 66 77 07 04
email : ab. ire@wanadoo.fr

AGIR ICI
14, passage Dubail – 75010 Paris – 01 40 35 07 00

GROUPE MISSION POSSIBLE INTERNATIONAL
http ://dorway.com/possible.html

DROITS DEVANTS !!
44, rue Montcalm – 75018 Paris – 01 42 58 82 22
email : vespa@globenet.org

FÉDÉRATION DES CIGALES,

61, rue Victor Hugo, 93500 Pantin – 01 49 91 90 91 – email : cigale@neuronnexion.fr ; http ://www.cigale.org

NEF (Nouvelle économie fraternelle : Établissement de crédit finançant des activités « socialement utiles »), 46, rue de la Burge, 03160 Bourbon-l'Archambault – 04 70 67 18 50

SCOD (Société coopérative œcuménique de développement) : finance et soutient partout dans le monde des projets coopératifs visant à l'amélioration du niveau de vie des populations concernées). Contact pour la France : Association Montbéliard-Belfort de soutien à la Scod, 24, avenue Wilson, 25200 Montbeliard – 03 81 95 38 97

Pour les placements éthiques et l'économie solidaire, voir également page suivante.

Livres

Tableau noir. Résister à la privatisation de l'enseignement, Gérard Sélys et Nico Hirtt, EPO, Bruxelles.

Chômage nous accusons, Jacques Nikonoff, Arléa.

Chômeurs, la révolte ira loin, Richard Dethyre, La dispute

Les placements éthiques (l'épargne solidaire en 65 fiches), Alternatives Économiques, hors-série.

J'accuse l'économie triomphante, Albert Jacquard, Calmann-Lévy.

Misère de la mondialisation, revue Agone n° 16, Climats.

La fin du développement, François Partant, Actes Sud.

Cette crise qui n'en est pas une, François Partant, L'Harmattan.

Rapport mondial sur le développement humain 1998, Programme de l'ONU, Économica.

Rapport sur la Planète terre, Edward Goldsmith, Nicholas Hildyard, Stock.

Pétition n°2, Démocratie ou mondialisation, été-automne 98, Arléa.

Contre-feux, Pierre Bourdieu, Liber/Raisons d'agir, Seuil.

Les nouveaux chiens de garde, Serge Halimi, Liber/Raisons d'agir, Seuil.

Géopolitique du Chaos, Ignacio Ramonet, Galilée.

Présent et Avenir, Carl Gustav Jung, Buchet-Chastel.

Lumière sur l'AMI : le test de Dracula, Observatoire de la mondialisation, L'Esprit frappeur.

Vers un label social ? Centre Français d'Information sur les Entreprises. (analyse des violations des droits de la personne dans l'industrie des vêtements de sport).

Le social et les paradoxes du chaos, entretiens avec Guitta Pessis-Pasternak, Desclée de Brouwer.

Éclairer sans brûler, salon du livre antifasciste, Gardanne, 1997, Actes Sud.

Misère et chômage, libéralisme ou démocratie, René Dumont, Seuil.

Post-scriptum sur la montée de l'insignifiance, Cornelius Castoriadis, entretien avec D. Mermet, L'Aube.

Le Socialisme distributiste. Jacques Duboin : 1878-1976. Jean-Paul Lambert, L'Harmattan.

L'illusion économique, Emmanuel Todd, Gallimard.

Souffrance en France, Christophe Dejours, Seuil.

C'est la crise finale (Bande dessinée), Oncle Bernard et Luz, Charlie Hebdo.

Nota :

Pour les associations, syndicats, partis politiques… il est possible de commander la brochure : *L'AMI clôné à l'OMC*, auprès de l'*Observatoire de la Mondialisation* (voir page précédente)

ou auprès du :

CEFE (Centre d'études et de formation en écologie), 28 rue Basse Marcelle B5000, Namur, Belgique, 081 22 58 48, email : cefe@ecolo.be

TABLE

Achevé d'imprimer
sur les presses de
l'Imprimerie France Quercy
113, rue André Breton
46001 CAHORS
d'après montages et gravure
numériques
(Computer To Plate)
Dépôt légal : mai 1999
Numéro d'impression : 91161